青少年财智故事汇
CAIZHI GUSHIHUI

韩祥平 编著

开阔青少年视野的
名人传记故事

北京出版集团
北京出版社

图书在版编目（CIP）数据

开阔青少年视野的名人传记故事／韩祥平编著 . —
北京：北京出版社，2014.1
（青少年财智故事汇）
ISBN 978 - 7 - 200 - 10307 - 6

Ⅰ . ①开… Ⅱ . ①韩… Ⅲ. ①故事—作品集—世界
Ⅳ . ①I14

中国版本图书馆 CIP 数据核字（2013）第 282805 号

青少年财智故事汇
开阔青少年视野的名人传记故事
KAIKUO QING-SHAONIAN SHIYE DE MINGREN ZHUANJI GUSHI
韩祥平　编著

*
北 京 出 版 集 团
北 京 出 版 社 出版
（北京北三环中路 6 号）
邮政编码：100120

网　址：www . bph . com . cn
北 京 出 版 集 团 总 发 行
新 华 书 店 经 销
三河市同力彩印有限公司印刷
*
787 毫米×1092 毫米　16 开本　12 印张　170 千字
2014 年 1 月第 1 版　2023 年 2 月第 4 次印刷
ISBN 978 - 7 - 200 - 10307 - 6
定价：32. 00 元
如有印装质量问题，由本社负责调换
质量监督电话：010 - 58572393
责任编辑电话：010 - 58572775

前　言

  每一个时代，都会产生属于那个时代的英雄，他们具备睿智的目光，有着精深的智慧，远大的抱负，无比坚强的毅力。他们为社会的进步做出了杰出的贡献，为后世的人们做出了表率，对后世有着深远的影响。他们的名字为后世所知，人们永远记着他们，这就是名人。

  名人并非天生就是名人，他们也曾和我们一样默默无闻，也曾受过命运的无情嘲弄，也曾在迷惘与困顿中徘徊，也曾将挑战命运作为自己的人生口号。但是，坚毅的品性、过人的胆略、恒定的信念与执着的勇气，使他们熬过了人生的严冬，迎来了生命的春天。

  走近名人，了解名人的经历，是青少年通往成功的重要途径之一。培根说过，"用伟大人物的事迹激励青少年，远胜于一切教育。"因为每一位伟人的故事都是一本生动的、有趣的、神奇的教科书。因此，我们编写了这本《开阔青少年视野的名人传记故事》奉献给青少年读者朋友。

  本书精心挑选了古今中外非常有影响力的人物。其中有泽被后世的科学家，有引领社会潮流的思想巨擘，有胸怀万卷兵书的军事家，有运筹帷幄的政治家，有影响世人的传奇英雄，有吟诗作画的文坛泰斗和艺术家，有富甲天下的工商巨头，还有一些现代、当代的中外名人。本书中讲述了发生在名人身上一点一滴的故事，透过这些故事，我们看到了名人怎样对待困难和失败，名人怎样对待兴趣和学习，名人怎样对待亲人和朋友……在表现这些伟人的成长历程时，我们尽量避免冗长的说教性叙述，而是采用日常生活中富有启发性的小故事来传达他们成功的道理，尤其着重表现他们小时候的生活特征和他们成功的艰难过程，以对青少年朋友产生共鸣与熏陶。

翻阅本书，那些为人们耳熟能详的名字在读者心里不再是一个个空洞洞的名字，从他们的人生风采和成功智慧中，我们可以了解到中外名人传奇的经历，追寻他们成长的足迹，感受他们的人格魅力，领略他们的人生风采和成功智慧，感悟他们成才的真谛，从而使视野更加开阔，成为青少年朋友奋发向上的阶梯和涤荡心灵的明镜！

目　录

第一章
窥见上帝秘密的人——爱因斯坦

　　苦和甜来自自己和外界，而坚强来自内心，来自一个人坚持不懈的努力！

——爱因斯坦

　　突出的眼睛、长长的头发、浓密的胡子，这是爱因斯坦的标准形象，也成为孩子们对科学家的普遍印象。爱因斯坦在现代物理学方面的造诣，已经远远超出了当时的科学水平，他提出的理论对普通人来说犹如天书，却是今天诸多领域研究的基础。他的相对论，不仅仅是找一个参照物就能得出运动与静止这么简单的结论，还被运用到天文领域和哲学领域。他不仅是一位充满智慧的科学家，也是一位爱好和平的世界公民、一个体育爱好者。或许他身上的科学光芒我们难以感受，但是作为一个普通人，他的善良仁爱之心与我们毫无二致。

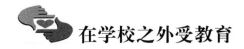 **在学校之外受教育**

　　爱因斯坦出生于德国，父母都是犹太人。父亲赫尔曼和叔叔雅各布合开了一个电器工厂，母亲玻琳是受过中等教育的家庭妇女，她非常喜欢音乐，在爱因斯坦6岁时就教他拉小提琴。

　　爱因斯坦3岁多还不会讲话，父母很担心他是哑巴或是智障，曾带他去看医生。直到9岁，他讲话还是不流畅，讲每一句话之前都要经过长时间的思考才开口。

在读小学和中学时，爱因斯坦成绩平平，加上他举止缓慢，不爱与人交往，老师和同学都不太喜欢他，教他希腊文和拉丁文的老师甚至想把他赶出校门。

叔叔雅各布在电器工厂专门负责技术方面的事务，非常喜爱数学，是一个工程师。当小爱因斯坦找他问问题时，他总是用很浅显、通俗的语言把数学知识介绍给爱因斯坦。在叔叔的影响下，爱因斯坦较早地受到了科学和哲学的启蒙。

爱因斯坦的父亲是一个心地善良的人，他每星期都有一个晚上要邀请当地的穷学生来家里吃饭，改善他们的伙食。其中有一对学医科的犹太兄弟麦克斯和伯纳德，他们来自立陶宛，很快就和羞答答、长着黑头发和棕色眼睛的小爱因斯坦成了好朋友。麦克斯借了一些通俗的自然科学读物给爱因斯坦。他幸运地从这些通俗读物中知道了自然科学领域里的主要成果和方法，好奇的心弦也被拨动了，他更加勤于思考。

16岁时，爱因斯坦报考大学以失败告终，他接受了著名的物理学家韦伯教授的建议，在瑞士读完中学课程，取得了中学学历。1896年10月，爱因斯坦跨进了苏黎世工业大学的校门，在师范系学习数学和物理学。这所学校要比其他大学自由、轻松得多，爱因斯坦在学校广泛地阅读了物理学大师的著作，通过自学，他培养了分析问题的习惯和独立思考的能力。

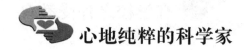

心地纯粹的科学家

很多人都喜欢将自己的荣誉奖状和证书挂在家中显眼的位置，但是爱因斯坦对荣誉没有什么特别的感情，他一生获得了许多奖状以及名誉博士的授予证书，但他把这些东西和诺贝尔奖奖状一起放在一个纸箱子里，如同处理废旧杂志一样。在朋友的眼中，爱因斯坦可能连诺贝尔奖是什么意义都不知道。据说他在得奖的那一天，和往日一样平静，完全没有摘得科学界最高荣誉的激动。

少年时代，爱因斯坦在瑞士生活时是一个穷学生，平时只要有一碗意大利面条加上一点儿酱他就感到很满足了。后来，在普林斯顿的高等科学研究所工作时，研究所给了他年薪 1.6 万美元的报酬，他却说："怎么有这么多钱，给我 3000 美元就够了。"

在衣着上，爱因斯坦也不太在意，总是长年披着一件黑色皮上衣，不穿袜子，不打领带，宽松的裤子既没有皮带也没有背带，和人在黑板前讨论问题时，他一面在黑板上写字，一面要扯住那好像要滑下的裤子！他那种"爆炸式"的发型也绝不是刻意为之，只是他不善于修饰。他在"贵族学府"普林斯顿大学中简直是个异类，那些风度翩翩的绅士们常常劝他"看在上帝的分上把头发剪掉"。

对爱因斯坦来说，一切无用之物不必劳心费神，而一切有用之物都不应该浪费。他在草稿纸的两面都写上字，还把寄给他的信封裁开，用来计算。

对社交活动他也不是很热衷，一方面因为他要抓紧时间搞科研，另一方面他的风格也和上流社会格格不入。1909 年 7 月，在日内瓦大学 350 周年校庆和纪念建校人加尔文的庆祝活动上，众人都是仪态万方、珠光宝气，应邀而来的爱因斯坦却穿着一套家常服装，戴一顶草帽。他对坐在旁边的人说："如果加尔文还活着，他会堆一大堆柴火，把搞这样铺张浪费的盛宴的我们全都烧死。"在他看来，追求安逸和幸福，可以称之为"猪倌的理想"。

在追求世界和平的道路上，他从来没有停下脚步。在德国，他反对法西斯的暴行；在美国，他反对种族歧视政策，支持黑人的解放运动；积极为阻止日军侵华而奔走，当他从广播中得知美国对广岛、长崎投下原子弹，伤害了许多平民时，他痛心疾首。后来，他写了一封告美国公民书，说："我们将此种巨大力量解放的科学家们，对于一切事物都要优先负起责任，必须限制原子能绝对不能用来伤害全人类，而应用于增进人类的幸福方面。"

智慧感悟

　　我们或许难以达到爱因斯坦在科学上的高度，但是在生活中，在坚持正义面前，爱因斯坦也是一个普通公民，不过，却是那种有本色、有道德的公民。这一点，是我们可以努力学习的。

第二章

进化论之父——达尔文

如果说我有什么功绩的话，那不是我有才能的结果，而是勤奋、有毅力的结果。

——达尔文

小时候，达尔文就有着一颗强烈的好奇心，总是喜欢问个不停，只要一思考，就忘了全世界。为了让心中那颗梦想的种子发芽，他不畏艰难，孜孜以求。

他总是坚定执着，而且认真、虚心。他不但尊重事实，还勇于实践。每一次在大自然中的徜徉都让他心中充满力量。

然而，他面临着一个巨大的考验，当越来越多的事实被发现时，就意味着这个神创论者要完全颠覆自己的世界观。最终，他选择相信自己的眼睛。于是，世界便目睹了他的成就——《物种起源》。

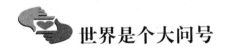 世界是个大问号

在达尔文看来，世界就是一个大问号。

达尔文小时候，有一次跟妈妈到花园里为小树培土。妈妈说："泥土是个宝，小树有了泥土才能生长。别小看这泥土，是它长出了青草，喂肥了牛羊，我们才有奶喝，才有肉吃；是它长出了小麦和棉花，我们才有饭吃，才有衣穿。泥土太宝贵了。"

达尔文问："妈妈，那泥土能不能长出小狗来？"

"不能呀！"妈妈笑着说，"小狗是狗妈妈生的，不是泥土里长出来的。"

达尔文又问："我是妈妈生的，妈妈是姥姥生的，对吗？"

"对呀！所有的人都是他妈妈生的。"

"那最早的妈妈又是谁生的？"

"是上帝！"

"那上帝是谁生的呢？"

妈妈答不上来了，她告诉达尔文说："孩子，世界上有好多事情对我们来说都是个谜，你像小树一样快快长大吧，这些谜等待你们去解开呢！"

从小，达尔文就对新奇事物有着强烈的好奇心。他喜欢大自然，喜欢大自然中的花草树木、鸟兽虫鱼，他还喜欢骑马、打猎、钓鱼、采集矿石、捕捉昆虫、钻进树林观察鸟类的习性。上学后，达尔文的兴趣更加广泛，尤其是对博物学和搜集工作。他总是兴致勃勃地搜集着各种各样的玩物：贝壳、邮件上的火漆封印和免资印纸、钱币、矿石等。他想要成为一个研究分类的自然科学家、古玩收藏家，这个愿望像一粒小种子一样深深地埋在了他的心底。

执着，为梦想

1831 年 12 月 27 日那天，海风轻拂，达尔文终于跳上英国海军勘探舰"贝格尔"号，开始了他梦寐以求的环球考察。要知道这次航行他已经梦想了几十年了。

上帝似乎在考验他的决心。船离开码头不久，狂风大作，巨浪滔天。军舰一会儿升至浪顶，一会儿又跌到谷底，一船的人都东倒西歪、呕吐不止。尤其是文弱的博物学家达尔文，更是手按腹部，呕吐得厉害。海员们都担心他难以完成航行，因为他是一名博物学家，没有海员强健的体魄。不过，达尔文下定了决心，他说："如果我在这次航行中半途而废，我想我在坟墓中也不会安心的。"

风浪略微平息，达尔文就开始工作，不是忙于为标本贴标签，就是去检查渔网中的海洋生物，甚至爬到桅杆的顶部去采集海风吹来的灰沙。每次军舰靠岸，他都要上岸进行当地自然资源的考察。

在5年漫长的航行中，达尔文不满足于仅仅采集一些标本，他还虚心地向当地人请教。比如有人告诉他，当地的鸵鸟很奇怪，就是几只雌鸵鸟把蛋下在同一个巢里，每当蛋积累到30只左右，雌鸵鸟就集体离开，到另一处去下蛋，而让雄鸵鸟去孵蛋。达尔文听后认真地进行了观察和分析，得知原来这是鸵鸟对当地高温条件的反应。因为雌鸵鸟隔三天才能下一个蛋，如果等它把十几个蛋一齐下完再去孵化，第一个蛋早就变坏了，所以，一些雌鸵鸟就采用这个办法，以保证鸵鸟的繁殖。

又比如，有一种海龟，极大，它能够生活在干旱缺水的地方，甚至在一年只落几滴雨的地方也能生存。原来，海龟有一种寻找水源的本领，一旦找到水源，海龟就会喝得饱饱的，不但在胃里储存了大量的水分，连膀胱和心囊里面都灌满了水，这样可以抵抗长期的干旱。这些，达尔文都一一详细记录，并尽可能地加以观察和验证。

达尔文的工作还远远不止这些，最重要也是最困难的要数采集各种标本了。世界各地的地形、气候差别极大，暴雨狂风，烈日暴晒，毒虫猛兽，还有疾病的考验，这显然让他的环球之行充满了艰辛和危险。但达尔文无所畏惧，徜徉在宏伟壮丽的大自然中，每一次发现都能让他欣喜若狂。

5年的环球考察很快结束了，达尔文坚持到下船的那一刻。随着采集的上百箱标本被运回英国，达尔文的研究工作才刚刚开始。

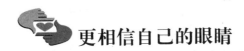 **更相信自己的眼睛**

查理·达尔文，英国伟大的博物学家，于1809年2月12日诞生在英国古城施鲁斯伯里。50年后，他以不朽的巨著《物种起源》震惊了世界。

　　这是一部巨著，其中有丰富的科学事实、自然选择学说，它论证了生物是由进化演变而来的，并阐明了生物进化的原因和过程。它的诞生，让人类对生命有了一个全新的认识。

　　只是，你一定不会想到，达尔文曾经是个有神论者。曾经的达尔文相信世界万物都是上帝创造的，还相信上帝是按照一定目的分别创造出各种生物的。

　　达尔文让自己彻底地改变了，只因为他更相信自己的眼睛。

　　改变始于5年的"贝格尔"号环球旅行，特别是这期间在南美洲长期的科学考察对达尔文意义重大。

　　在南美洲黏红土的沉积层里，达尔文发现了一种巨大的古代动物化石，这种化石和今天仍然生活在那里的犰狳很相似，却比现代犰狳大得多。这暗示着现代犰狳是古代犰狳的子孙后裔，但又有了某些变异。如果它们是上帝分别创造的，怎样解释其相似性呢？

　　随后，在南美洲东海岸采集动植物标本时，达尔文又注意到相邻地区的生物种类较为相似，而分布在距离较远地区的同类生物，彼此的差异却很显著。如果它们都是上帝分别创造的，为什么要如此分布呢？上帝为什么要为这些小事而如此煞费苦心呢？

　　最让达尔文惊奇的是太平洋上加拉帕戈群岛上的生物。这个群岛位于赤道附近，离南美洲大约1000公里，岛上的生物都带有南美洲大陆的生物种类的特性。有一个看来平凡，却令达尔文感触极深的现象就是一种叫作鲨的小鸟，在每一个小岛上都有其变种，根据达尔文的统计一共有13个变种，彼此密切相似，但各个变种之间又有细微的差异，主要是它们的喙部各不相同。达尔文还发现，这些岛屿上的乌龟和蜥蜴等动物的情况也是如此。如果相信这些彼此相距并不很远却具有微小差异的生物是上帝分别创造的，那简直是太盲目、太固执了。这些岛屿上的生物跟南美洲大陆上相应的种类虽然有差异，但基本上还是相近的，显然，它们是从大陆迁移过来之后又发生分化形成的。

　　而这些，以及他在旅行中的其他许多发现都是用神创论解释不了的。

　　于是，达尔文逐渐开始思考"物种变化"的问题了。1836年，一回到英国，达尔文立刻开始整理和研究这次旅行中搜集到的大量标本和资料，就物种的发生、演化问题进行深入的思考、论证，并与其他学者开展广泛的讨论。

　　达尔文也经历过痛苦的挣扎，但在客观事实面前，曾经相信上帝创造万物的他终于成为宗教的"叛逆者"，以《物种起源》一书阐述了生物进化的思想和基本原理，成为进化论的奠基人。

智慧感悟

　　成功需要天赋，但天赋永远不是决定性因素，勤奋和毅力也是不可或缺的。

第三章

勤奋的发明天才——爱迪生

世间没有一种具有真正价值的东西，是可以不经过艰苦辛勤的劳动而能够得到的。

——爱迪生

"天不生仲尼，万古如长夜。"后人形容孔子的学说如同爱迪生发明的电灯一样，把黑夜照亮，可见爱迪生的贡献之巨。

爱迪生的一生是发明的一生，他持有 1099 个发明专利权的纪录，人们称他为"发明之王"。他从没有停止过思考，也从来不满足已有的成绩。他在西奥伦治的实验室，发明了电影摄录机、电影放映机和镍铁电池。如果爱迪生在世，他一定还能拥有更多有意义的发明，他的脑袋里面总是有着使事情处理起来更加方便的点子。

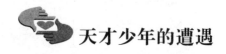 **天才少年的遭遇**

爱迪生出生于一个风雪交加的夜晚，初为人父的爸爸把他捧到街上去向邻居们报喜，大家都叫他阿尔。

小阿尔很爱发问，他遇到什么就问什么，家人也好，路上的行人也好，都是他提问的对象，大人的答复也常常不能让他满意，他就自己去研究为什么。有一次，阿尔看到母鸡在孵蛋，他就问妈妈："为什么母鸡总是成天坐在那里呢？"妈妈告诉他母鸡在孵蛋，阿尔便想如果母鸡可以，那我也一定可以。过了几天，爸爸妈妈发现阿尔一直蹲在木料房里一动也不动，不知道他在做什么，当家人发现阿尔在孵蛋的时候，大家都笑弯了腰。

爱迪生有一颗与众不同的脑袋，他爱思考一连串的问题。看到铁匠将铁放在熊熊的烈火中烧红，然后锤打成各式各样的工具时，他就会想火是什么？火为什么会燃烧？火为什么这么热？铁在火中被烧之后为什么会发红？铁红了为什么就软了……回到家，小爱迪生在自家的木棚里开始了他最初的实验。他抱来干草，并将其点燃，他想弄明白火究竟是什么。结果，小爱迪生的第一次实验就引来了一场火灾，将家中的木棚烧掉了。

和富兰克林一样，8岁的爱迪生去上小学了，可是他比富兰克林退学的时间更早——只上了3个月，而且他也不像富兰克林那样是因为贫困——他的老师受不了他没完没了地问为什么。爱迪生在上课的时候，妈妈常被请到学校去跟老师"喝茶"，对于他提出的一些问题，老师总结为他是一个低能儿童。对于这样的老师，爱迪生的妈妈也很失望，她决定自己来教导孩子，并决心把他教成一位伟大的天才。

在妈妈的允许下，爱迪生有了自己的地下实验室，为了不让别人乱动他的实验品，他在每一个实验品的瓶子上贴上毒药标签。

一个大雪天的夜晚，爱迪生的妈妈因患上急性阑尾炎，需要开刀做手术。那时没有电灯，油灯的光线很暗，在这样的环境下做手术危险性很大。爱迪生突然想出一个好办法：他把家里所有的油灯全都端了出来，再把一面镜子放在油灯的后面，这样整个屋子就更亮了，医生顺利地做完了手术。"孩子，你用你的智慧和聪明救了妈妈。"医生欣慰地说。爱迪生就这样设计出了最早的手术灯。

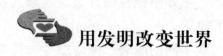# 用发明改变世界

　　爱迪生曾在铁路局担任晚班的报务员，铁路局规定，晚上9点以后，报务员需每一小时发一次信号给车务中心。爱动脑筋的爱迪生可不想傻傻地盯着时钟看时间，于是自制了一台自动定时发报机。这东西在每个整点都会自动发信号，使爱迪生成为全局里最准时的发报员。但是，在一次查勤中，车务主任发现信号虽然没有错，发报员爱迪生却在睡觉！尽管他的能力得到了肯定，但铁路局需要的是一个老实安分的人，而不是一个发明家，所以，爱迪生被炒鱿鱼了。

　　21岁以前的爱迪生像个"打工大王"，他周游于电信、电报公司，凭借自己对机械的了解和优良的维修技术，慢慢地闯出了名声，成立了自己的工程公司，专门制造和改良一些机器，例如黄金行情显示器、股票行情显示器、金价印刷机等商用机器，同时研发、承制各种科学仪器。

　　爱迪生为了搞实验，往往连续几天都不出实验室，实在累得不行了，就用书当枕头在实验桌上打个盹儿。他的一个朋友开玩笑说："怪不得爱迪生懂得那么多发明，原来他连睡觉都在吸收书里的营养。"的确，爱迪生的发明创造和他爱好读书是分不开的。到22岁的时候，他在纽约南方的"梦罗园"成立了他的实验发明中心，就是我们一般所说的"爱迪生发明工厂"。在他的实验室里面诞生了众多的伟大发明：电灯泡、放映机、留声机、复印机……当我们享受这些便利的时候，爱迪生却更享受发明带来的乐趣。在他的眼中，一切都可以变得更好。

智慧感悟

　　有付出才会有收获，很容易得到的东西，一般也没有太大价值。

第四章

镭的母亲——居里夫人

　　我们应该每天都愉快地生活，不要等日子过去了才找出它们的可爱之处，也不要把所有的特别合心意的希望都放在未来。

——居里夫人

　　若说女子无才，居里夫人两度获得诺贝尔奖，在科学的道路上，巾帼不让须眉；若说女强人不顾家，居里夫人单独教育子女，培养了新的诺贝尔奖得主；若说严肃的人不懂爱情，居里夫人和丈夫相濡以沫，相扶相持，在工作和生活上都是最好的伴侣。

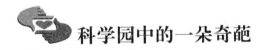 科学园中的一朵奇葩

　　居里夫人小时候叫作玛丽，她出生于波兰首都华沙市女子寄宿学校内，父亲是中学物理和数理教员，兼任副督学的职位，母亲是一所女校的校长，玛丽在家排行第五。

　　上学之后，玛丽的成绩每学期都是班上第一名。但是中学毕业后，为了帮助想学医的姐姐去法国留学，16岁的玛丽辗转于城市和乡村之间做了8年家庭教师。在这期间，她一边工作一边自学，姐姐毕业从医后，玛丽也学有所成。在24岁那年冬天，玛丽考入了巴黎大学理学院，中断了8年的学习得以继续。

　　她在巴黎的生活极为拮据。为了省灯油，她每晚到图书馆去看书

直到闭馆。功夫不负有心人，两年以后，玛丽取得了物理学硕士学位，接着，又取得了数学硕士学位。在朋友的帮助下，她争取到了一个波兰留学生奖学金的名额，因此在巴黎多留了一年时间。在这一年中，她结识了法国巴黎市立理化学校实验室的青年物理学家皮埃尔·居里。

1895 年，28 岁的玛丽与 36 岁的居里结了婚。婚后第二年，玛丽就开始研究放射性课题。但是实验设备、实验场地、实验材料一直是困扰她研究的难题。她到处寻找矿石、灰渣等物质来检验。皮埃尔也帮她寻找，在提取了大量的矿物质后她终于成功了。在成功之时，她想起了自己灾难深重的祖国。于是她以祖国"波兰"的字首将新元素命名为 Polonium，元素符号为 Po，汉语译为"钋"。

发现钋之后，居里毅然放下自己的研究项目来协助玛丽工作。他们借来手推车，把廉价买到的 8 吨矿渣运回他们简陋的实验场。8 吨矿渣，靠一口大锅、一根铁棍，夜以继日地搅拌、煮熬、沉淀、提纯、分析，夫妻俩整整干了 4 年，终于发现了镭。

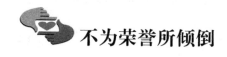 **不为荣誉所倾倒**

居里夫妇因为发现镭而共同获得了诺贝尔物理学奖。此后，世界各地纷纷来信索求制镭的方法。作为清贫的科学家来说，他们完全可以取得提取技术的专利执照，以此来改变生活。但是，居里夫人坚定地说："我们不能这样办，这违背科学精神。"

丈夫意外去世后，居里夫人一个人担负起了研究的工作。她的工作条件依然很艰苦，而且研究还在初级阶段，质疑声四起。但经过 10 个月的刻苦钻研，她又一次成功地得出了新的实验论证，这不仅有力地驳斥了另一位化学家的错误论断和挑战，也使她再次获得了诺贝尔奖。

1921 年，居里夫人应邀访问美国，美国妇女组织主动捐赠给她价值百万美元以上的 1 克镭。她虽然是镭的发现者，但她买不起这样昂贵的金属。她坚持要将这 1 克镭应用于科学，而不是作为个人财产。

在荣誉面前，居里夫人有一颗稳如泰山的平常心。她两次获得 20 世纪学者的最高荣誉，18 次获得国家奖金，被授予 117 个名誉头衔。面对命运中巨大的艰辛和荣誉，居里夫人常常谦逊地说："的确有过一些凄风苦雨的日子，那也是我一生中最难耐的时光。回想起来使我感到欣慰的是，我堂堂正正地昂起头颅脱身出来。"她没有给孩子们买什么玩具，而是把自己的奖章给孩子们玩儿，同事们看到后惊讶不已。连爱因斯坦都赞誉她说："在所有的著名人物中，居里夫人是唯一不为荣誉所颠倒的人。"

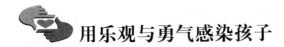

用乐观与勇气感染孩子

在丈夫去世以后，政府提出帮忙抚养她的两个女儿。年轻的居里夫人谢绝了，她说："我不要抚恤金，我还年轻，能挣钱维持我和我女儿的生活。"

在养育女儿的过程中，居里夫人没有把孩子扔在家里，以科学之名推脱自己身为母亲的责任。居里夫人像做实验一样每天记载着小女儿的体重、吃的食物和乳齿的生长情况。"伊蕾娜长了第七颗牙，在下面左边。不用人扶，她可以站立半分钟。三天以来我们给她在河里洗澡，她哭，但是今天，她不哭了，并且在水里拍手玩儿水……"

在一本食谱的空白处她写着："我用 8 磅果子和等量的冰糖，煮沸 10 分钟，然后用细筛过滤。这样得到 4 罐很好的果冻，不透明，可是凝结得很好。"

居里夫人第二次获得诺贝尔奖时，特地带上了女儿伊蕾娜，让她与自己分享这份荣耀。在一战爆发以后，居里夫人征求孩子们的同意，是否将保障她们生活的财产捐给国家，两个女儿都欣然同意了。随后，她们又加入到战地救护的队伍中。居里夫人用自己的专业知识，亲自创设并且指导装备了 20 辆 X 光汽车和 200 个 X 射线室。没有司机的时候，她就自己开车在外面营救伤员，遇到故障，她就下车自己动手修理。

我们总是极力推崇居里夫人作为镭的发现者的伟大，其实作为母亲，她的表现绝不逊于科学实验里的科学家。她通过自己坚强的意志和乐观勇敢的生活态度，将生命的热忱传递给女儿，感染她们，影响她们，支持她们在今后的科研中不断求索。更为可贵的是，她完全是通过母亲本来应该有的亲切温和方式教育子女，让她们从心底迸发出积极进取之心。

智慧感悟

居里夫人用自己的行动推翻了一切对女性的成见，也暴露了一切为责任找借口的女性的脆弱。在她的身上，我们看到了爱人、母亲和科学家的完美结合。女子能做到这样，便不枉此生了。

第五章

孤独的巨人——诺贝尔

我看不出我应得到任何荣誉，我对此也没有兴趣。

——诺贝尔

如今几乎没有人不知道诺贝尔奖，学术界把获得此奖项作为至高无上的荣誉，很多学者终其一生都在追求这一奖项，然而创立这个奖项的人，却从不在意任何荣誉，也不觉得自己值得表扬。他就是诺贝尔。

从诺贝尔的墓碑上，人们看不到他的容貌，唯有一个生卒年月和他的4位亲人的生卒年，似乎他的一生没有什么值得书写的。事实当然并非如此。诺贝尔的一生都与炸药联系在一起，他因为炸药失去了亲人，也因为炸药成了最富有的人。但是这一切都没有改变他作为一个科学家投入研究的热忱，他是一个真正的科学家。

 炸药之父

诺贝尔的一生和炸药紧密相连，炸药带给他欢乐，也带给他痛苦；带给他责骂，也带给他赞扬。

诺贝尔的父亲就是一个炸药爱好者，很小的时候，诺贝尔就看见父亲研究炸药。父亲研制的水雷曾被俄军用于克里米亚战争，用来阻挡英国舰队前进。由于父亲经常换工作，诺贝尔所受的教育多半来自

家庭教师。

17 岁时，诺贝尔以工程师的名义到了美国，在有名的艾利逊工程师的工场里实习。实习期满后，他又到欧美各国考察了 4 年，才回到家中。不久，父亲从俄国搬回瑞典。当时正是采矿业蓬勃发展的时期，对性能稳定的炸药需求旺盛，诺贝尔决定改进炸药生产。

在诺贝尔之前，中国"四大发明"之一的黑色火药早已传到欧洲。但黑色火药的威力不够大，而另一种新的炸药又是个"爆脾气"，容易爆炸，制造、存放和运输都很危险，人们不知道该怎么使用它。诺贝尔的哥哥曾试图制造出更好的炸药，却没有实用价值。诺贝尔和他的弟弟一起建立了实验室，继续哥哥的研究。经过多次试验，诺贝尔终于发明了运用硝化甘油爆炸的有效方法，并获得了这项发明的专利权。

初获成功之后，意外却降临了。1864 年 9 月 3 日，实验室发生爆炸，当场炸死了 5 人，其中包括诺贝尔的弟弟。这场事故让诺贝尔不仅失去了亲人，也失去了邻居们的信任。再也没有人愿意让他在附近办实验室，诺贝尔只好把设备转移到一只船上。几经波折，诺贝尔还是建造了世界上第一个硝化甘油工厂。

不幸并没有结束。世界各国买了他制造的硝化甘油，经常发生爆炸事故：美国的一列火车，因炸药爆炸，成了一堆废铁；德国的一家工厂，因炸药爆炸，厂房和附近民房变成一片废墟；"欧罗巴"号海轮，在大西洋上遇到大风颠簸，引起硝化甘油爆炸，船沉人亡。世界各国都对硝化甘油失去了信心，但诺贝尔没有灰心，而是积极想办法解决硝化甘油不稳定的问题。

1867 年 7 月 14 日，诺贝尔在英国的一座矿山上做了一次对比实验：他先把一箱安全炸药上点燃木柴，结果没有爆炸；再把一箱安全炸药从大约 20 米高的山崖上扔下去，结果也没有爆炸；然后，他在石洞中装入安全炸药，用雷管引爆，结果都爆炸了。这次实验，获得了完全的成功，给参观的人留下了深刻的印象：诺贝尔的安全炸药确实是安全的。不久，诺贝尔建立了安全炸药托拉斯，向全世界推销这种炸药。

诺贝尔的一生仅炸药专利就达 129 种，他一生从未成家，陪伴他的只有满身的"火药味"。

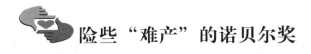

险些"难产"的诺贝尔奖

在诺贝尔的最后遗嘱中，没有分赠亲友的部分，他将全部财产用于设立奖励基金，也就是今天的诺贝尔奖奖金。在遗嘱中，诺贝尔将财产平分为5份，包括物理、化学、医学、文学、国际和平这些领域，而且指派了授予奖金的机构。"我的明确愿望是，在颁发这些奖金的时候，对于授奖候选人的国籍丝毫不予考虑，不管他是不是斯堪的纳维亚人，只要他值得，就应该授予奖金。"

遗嘱当时并没有受到瑞典人的欢迎，社会舆论的批评和谴责之声占了上风。媒体鼓励亲属上诉，反对它的理由主要是"法律缺陷"和"不爱国"。被指派的发奖单位甚至捐赠了奖金，还拒绝参与研究评奖细则。

好在有遗嘱执行人索尔曼的不懈努力，瑞典国王最终宣布诺贝尔遗嘱生效。1901年12月10日，即诺贝尔逝世5周年的纪念日，颁发了首次诺贝尔奖。1969年，瑞典国家银行增设经济学奖金，从此诺贝尔奖项面向6个方面。

诺贝尔的遗产可以发多少年的奖呢？据计算，诺贝尔去世的时候约有920万美元的遗产，经过信托公司的运营，我们几乎不用担心诺贝尔遗产被发完。

每年的诺贝尔奖的金额是不一样的，这与诺贝尔基金的情况有关。获奖者不仅会得到奖金，还会得到一枚金质奖章和一张证书。出席颁奖仪式的人数限定在1500～1800人之间，服装也有规定：男士要穿燕尾服或民族服装，女士要穿严肃的晚礼服，以示对知识的尊重。

诺贝尔曾说："我看不出我应得到任何荣誉，我对此也没有兴趣。"爱因斯坦对诺贝尔奖也不甚热心，或许他们这样的人才是真正热爱科学和真理的人。

智慧感悟

一个人真正的价值在于他在实现自己梦想的过程中所感受到的快乐以及带给人们的益处。荣誉始终只是形式，只要自我满足，并受到认可，那就抛弃那些虚浮的荣誉吧！

第六章

当代神农氏——袁隆平

我现在是 70 多岁的年龄、50 多岁的身体、30 多岁的心态、20 岁的肌肉弹性。

——袁隆平

我国是传统的农业大国，农业在国民经济中占有相当重要的地位。传统文化中的农历、二十四节气、各种关于农业生产的成语"五谷丰登""丰衣足食"无不体现着农业的重要性。但是近年来，许多人的思想受到国外的影响，把城市视为理想的生活环境，不仅不喜欢农民，甚至看不起农业。袁隆平则是逆流而上，他不仅热爱农业，把农业作为事业，更是做出了令国人骄傲的成绩。

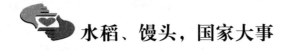 **水稻、馒头，国家大事**

相信很多人对袁隆平这个名字并不陌生，我们教科书中也多次出现过这个名字，袁隆平是中国人的骄傲。但是对于杂交水稻的意义，可能有很多人还是不太了解。

杂交水稻是一个新品种，是通过挑选天然的优良品种杂交而成的，和西瓜嫁接到南瓜上当然不一样。袁隆平发现了优质的水稻品种，就像是老师发现了资质很好的学生，当然光靠学生自己还不行，需要老师的指导和启发，需要良好的环境来成长。袁隆平就是启发和引导水稻发现自己的优势的"老师"，他开启了水稻沉睡的成长之门，让它们长成了优秀的稻米。

杂交水稻的培育，不仅将粮食的产量大大提高，对于整个国家来说，杂交水稻还是国家政治经济的"稳定剂"。

杂交水稻对于整个世界也有很重要的意义。目前，世界上还存在很多饥民。土地是有限的，不可能再开垦出新大陆，就只有提高粮食产量。所以，对于印度、日本等种水稻的国家来说，杂交水稻也是它们的福音。

 ## "半路出家"的科学家

袁隆平是一个"半路出家"的杂交水稻专家。

1953 年夏天，他结束了农业方面的专业学习，被分配到偏僻的湖南省安江农校当老师，负责教外语。

第二年，他调到遗传育种教研组，讲授生物学、作物栽培、遗传育种农业基础课和专业课。虽然以前学过一些，但毕竟知识系统不全面，学得不深。他就在任教的时候边教边学。

教普通植物学的时候，他从细胞的构造开始，到根、茎、叶、花、果的外部形态、植物的生物学特性及其遗传特性等，进行系统的自学研究。为了观察到清晰的细胞壁、细胞质、细胞核，他自己动手做切片实验。

袁隆平不仅想做一名合格的中专老师，还想在农业科研上有所研究。他自己喜欢到田间地头看水稻的长势，也在教学的过程中多次试验，这为他积累了科研的经验。于是他一边教学，一边研究。刚开始的时候，他相信苏联的科学，按照其理论进行无性杂交、嫁接试验，把月光花嫁接在红薯上、西红柿嫁接在马铃薯上、西瓜嫁接在南瓜上，得到一些奇花异果，但并没有得到经济性状优良的无性杂交种。于是他决定另辟蹊径。

他从阅读外文杂志中知道了欧美的一些理论，就开始大胆地向学生传授染色体、基因学说，自己也开始探索。杂交水稻就是他一边学习，一边探索的结果。

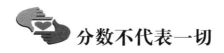 **分数不代表一切**

袁隆平在接受采访的时候说："说老实话，我不是很好的学生。"在我们的定义中，好学生就应该是一心扑在学习上，首先要成绩好、态度好。

抗日战争的时候，袁隆平还在重庆读书。那时候日本的飞机天天在轰炸，他和伙伴们就跑到河里游泳躲避轰炸。那时候保命都成问题，读书就不用说了，他们干脆逃学。袁隆平的脑子很好使，他喜欢的课成绩就好，不喜欢的就只求三分好。直到现在，他还遗憾自己数学没学好，不过这也和当时的教育方式有关。

初中学正负数的时候，负乘负要得正，他不懂，就问老师为什么，老师没有解释，可能老师自己也没有思考过这个问题，于是就不解释，反而要袁隆平记住、会用就行。从此，他就对数学没了兴趣，数学成绩自然也不好。

其实那时候袁隆平自己也想把数学学好，还和一个长于数学但不会游泳的人做过交易。他教同学游泳，同学帮他解习题。这个同学后来在学校的游泳比赛中得了第二名，但是袁隆平对数学还是一头雾水。

袁隆平被誉为当代神农氏，他的杂交水稻被称为继指南针、火药、造纸术和活字印刷术之后的第五大发明，他的经历也告诉很多年轻人，分数不代表一切，知识的大门永远不会对任何人关闭。

 **智慧感悟**

虽已80岁高龄，但袁隆平还是一头乌发，这和他坚持运动有关。"我不但打球，这样的天气里我每天还坚持游泳。"再次提醒好学的孩子们，要有好的身体，才能实现美好的梦想。

第七章

发现新大陆的"海盗船长"——哥伦布

世界是属于勇者的。

——哥伦布

说哥伦布改写了历史，一点儿也不夸张。他无意中发现的美洲大陆，给人口正在膨胀的欧洲留出了一个中转站，又让矿石和财富源源不断地流向欧洲的土地。他不知道自己的"不小心"，导致了在美国这片土地上生活的印第安人的文明毁灭；从长远来看，还使西半球上出现了一些新的国家。总之，这个航海爱好者完全想象不到自己会被列入"影响世界历史的100人"之中。

 独断独航

哥伦布发现新大陆的事情已经是我们熟知的一项内容，加上历史久远，我们对哥伦布的印象一直停留在探险者上。的确，他是一个伟大的探险者，而他探险成功不得不归功于他的独断。

1451年，哥伦布出生在意大利的热那亚。他在青年时期多次参加航海活动，先后到过里斯本、英格兰、黄金海岸和几内亚。由于战争，他迁居到里斯本，在那里接受了"地圆说"。哥伦布想从海路去亚洲，由于当时对地球的了解有限，计算出来的从欧洲到亚洲的距离比实际的要短很多，而哥伦布管不了这些，他只想着新大陆的事情。

哥伦布首先向葡萄牙国王提出他的航行计划，但未被批准。一怒之下他迁居西班牙，并且最终说服了西班牙皇室，当然凭借的不是推动文明进程一类的理由，而是国王也想从新大陆上分得一杯羹。

在今天看来，从大西洋到东亚，在地球上画一条线就可以知道方位了。但哥伦布生活的时代里没有地球仪，也没有任何关于航行的指挥系统和紧急救援系统。这也就意味着一旦他们在未知的海域发生危险，就是死路一条。但在哥伦布看来，实现自己的愿望比顾虑远道的危险更有意义。

1492 年 8 月 3 日，哥伦布的船队由西班牙起航，第一站到了位于非洲海岸线附近的卡那利群岛。再次决定出发的时候，水手们已经感到万分恐惧，要求返航。但是哥伦布坚持继续前进，船行驶在无边无际的大海里，就像是到了另一个孤独的世界一样，很多水手生病，有的人葬身大海。一个多月以后，陆地才出现在他们的视野里。

他们到达的是古巴岛，但他误认为那就是亚洲大陆。随后他到西印度群岛中的伊斯帕尼奥拉岛（今海地岛）北岸进行了考察。在第二年的 1493 年 3 月 15 日返回西班牙。随后，他又进行了三次横渡大西洋的航行，并且坚持认为他找到了一条通往东亚的道路，虽然大多数人早已认识到那不是通往东亚的道路。

航海是一项没有定数的事情，虽然经验可以帮助人判断季风的方向和潮涨潮落的时间，但是暴风雨和雷电有时候并不会留给人准备的时间。作为船长，哥伦布面临的绝对不是天气的威胁。当时有 90 人分乘三只船一起跟随着他，但随着航海的"不着边际"，很多人已经承受不了，开始出现精神和体力上的崩溃。这是哥伦布第一次"出远门"，他承受的压力远比随后的几次大得多。在这种时候，如果他没有主见，探险的活动是无法继续的。

好在他是一个独断专行的人，如果他在面对危机的时候还"博采众长"，那么发现新大陆的就会是另一个人了。

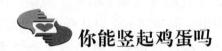 # 你能竖起鸡蛋吗

哥伦布发现新大陆的消息传遍整个西班牙后，他成了人尽皆知的英雄。当他返回西班牙时，国王和王后以最高的礼仪迎接他，并在宫廷设宴招待他和水手们。

宴会上，有个贵族嘲笑道："他不过是运气好，瞎猫撞上了死耗子呗。就算发现了一块地，又有什么了不起，还值得国王这样高规格接待？"这些话都被哥伦布听到了，他没有说什么，而是从餐桌上随手拿起一只鸡蛋，说："绅士们，你们能把这枚鸡蛋竖起来放吗？"

那些骄傲的贵族一个接一个地试着，有的人头上甚至冒出了汗水，但都没有成功。"这是枚生鸡蛋，我想熟的还有可能吧。"有人说。围观的人越来越多了，这时，哥伦布拿起那枚鸡蛋，将它迅速地朝桌上一放，人们听到蛋壳微微破损的声音，但是当哥伦布移开手的时候，那枚鸡蛋竟然奇迹般地站在了桌上！

"先生们，请问还有什么事比这更容易的呢？可你们却说这是不可能的，其实这才是世界上最简单的事情，谁都能办到！"听到哥伦布的话，那帮不服气的贵族马上闭嘴了。

由于哥伦布在新大陆上的暴行和他对钱财的贪婪，人们对他的评价有不同的声音。但是作为一个船长，他是称职的；作为一个冒险家，他也是当之无愧的大人物。而这与他自信的性格是分不开的，他的航海经验也为他的成功奠定了基础。当面对种种质疑的时候，他总是有办法让别人跟着他走。

智慧感悟

在生活中我们也会遇到种种质疑，如果父母或者老师表示怀疑，很多人就会战战兢兢，不敢再去想原先的假设了。这种懦弱与哥伦布

的果敢有着天壤之别。

　　没有人天生勇敢，也没有人天生懦弱，是因为不同的成长环境而形成了不同的性格。我们被父母的爱保护得太好，所以不知道如何面对困难。但是，当我们意识到人应该自立的时候，就应该有意识地改变自己的性格，让自己变得强大起来。当你意识到这一点的时候，才是真正长大的时候。

　　哥伦布用一个小小的事例证明了自己的实力，我们要想让别人停止质疑，想让父母放心地让我们自己选择人生，也要拿出哥伦布这样的魄力来，用实力证明自己是可以完成看起来困难的任务的。让别人住嘴的办法，不是用更大的声音咆哮，而是用行动让别人看到自己的实力。

　　勇敢的人，比别人承担更多风险，也有更多的机会改变现实。

第八章

悲壮的战神——拿破仑

承受痛苦，比死亡更需要勇气。

——拿破仑

后人称拿破仑·波拿巴是"奇迹创造者"，的确，他曾经带给法兰西人民生活的热情和对自由民主的渴望，他曾经占领过西欧和中欧的大部分领土，使法国革命的思想得到了更为广泛的传播，他是法兰西共和国近代史上著名的军事家和政治家，曾是法国人民的骄傲。

但他也是一个梦想的背叛者，他建立了自己的帝国，封自己为国王，与奥地利公主联姻，亲手扑灭了人们的幻想。对于拿破仑的评价，就连史学家也不能达成一致，而他对人类历史的巨大影响是毋庸置疑的。

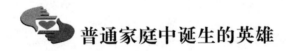 **普通家庭中诞生的英雄**

哪里有压迫，哪里就有反抗。拿破仑的一生就是从反抗侵略开始的。他的故乡是地中海科西嘉，长期处于外来统治者的压迫和剥削之下，为争取自由和独立，当地人民一直进行着反对外来统治者的斗争，也培育了岛上居民顽强刚毅、坚韧不拔的顽强性格。

1769 年 8 月 15 日，拿破仑在科西嘉岛的阿雅克修城出生。当时正是法国对科西嘉的统治时期，虽然后来拿破仑成为法兰西人民的骄傲，但18岁以前的拿破仑从来不认为自己是法国人，他从小就希望自己可以成为民族勇士，将科西嘉从法国的手中解救出来。这种情结影响了他的一生。

拿破仑的父母对他的影响非常大。父亲夏尔具有爱国热情，曾积极参加争取独立运动，并作出过贡献。法国占领军踏上科西嘉岛后，他曾跟随保利将军同法国占领军进行斗争。可夏尔后来转变了立场，与占领者言和而归顺了法国，成为法国驻科西嘉总督的上宾，这也成为波拿巴家族兴旺发达的转折点。加之祖先的意大利贵族血统，夏尔归顺法国前已被波旁王朝审定为贵族，享有王室给予的特权。这些都为拿破仑的发展提供了条件。

拿破仑的母亲也是名门后裔，有着坚强刚毅的性格，聪明贤惠，做事果断。她对子女教育很严格，拿破仑的身上有着母亲坚决果断的个性。

很多大人物都是从普通的家庭中走出的，就像拿破仑，他深受当地民风和父母的影响。优秀的人总会带给别人好的影响，这也是那些优秀的人周围总有朋友的原因。

向嘲笑你的人反击

拿破仑不到10岁的时候，在家人的帮助下进了一所贵族学校。这所少年军校是法国专门培养未来军官的基地，也是贵族子弟投身军界的必经阶梯。入校学员不仅限于贵族子弟，还要有身份高贵的保荐人。拿破仑虽然是科西嘉岛上的少爷，但被同学视为"来自科西嘉的穷小子"，他的乡土口音令他常遭那些名望贵族子弟的嘲笑和欺负。但是拿破仑没有被歧视压倒，他下定决心要在一个人少又不易被抓住的地方，把欺负他最多的人狠揍一顿。

机会终于来了。一个午后，几个欺负他的同学迎面走来，其中一个仗着比拿破仑高出一头，便挡住拿破仑的去路，并神气活现地说：

"乡巴佬，说几句科西嘉话让我们听听！"另一个忙帮腔："要不，你学狗叫也行！"然后几个人一起哄笑。

拿破仑没有理他们，装成绕道的样子。果然，那小子不肯罢休，立即横移脚步，伸手阻拦。这时拿破仑猛一转身，抓住那小子的领口，猛揍一拳。高个子疼得站不起来了，拿破仑一不做二不休，挥起拳头一阵猛揍，连打带踢，直到那小子趴在地上乱叫，连连求饶才罢手。

拿破仑因打人被关了禁闭，但他很骄傲——在场的那些人没一个人敢动手帮忙，而且从此以后，再也没人敢欺负他了。

经过这件事，拿破仑更加傲视他的同辈，性格也变得更加孤僻。大概也是从这时起，他更加仇恨封建等级制度。课余时间，他把自己的主要精力用在阅读书籍上。15 岁毕业时，拿破仑由于各科成绩特别优异，获得少年军校保送，进入位于巴黎三月校场的军官学校，开始接受第二阶段的军事教育。

在巴黎军校，一般学生通常要花 2 ~ 3 年时间才能通过考试，获得担任军官职务的资格，但是拿破仑在第一学年结束时便与其他两人一起通过了军官资格考试，并在刚满 16 岁时获得炮兵少尉军衔，就这样，他开始了戎马生涯。

 功过难定

拿破仑执政期间，对法兰西共和国进行了重大的改革，这些改革处处体现着他年少时的理想——他改革了法兰西共和国的金融结构和司法制度；创办了法兰西银行和法兰西大学；实行了法兰西共和国行政的中央集权制。其中每项改革都对法兰西共和国本身产生了重要而且持久的影响。

但是随着拿破仑王朝的结束，这些改革没有被传到国外，只有其中一项跨越了国界，那就是创编的公民法典，即《拿破仑法典》。

这部法典在很多方面体现了进步、民主的革命理想。在法典面前

人人无血统特权，人人平等。法典的内容稳健适度，条理清晰，因而不仅在法国一直得到实施，而且经过局部的修正也为其他许多国家所采用。

拿破仑为法兰西共和国带来了荣耀，1840 年 12 月他的遗体运抵巴黎后，90 万巴黎市民冒着严寒迎接他。而在多年后，拿破仑也赢得了对手的尊敬。1855 年，大不列颠及北爱尔兰联合王国维多利亚女王携王储到老残军人院，女王让王子"在伟大的拿破仑墓前下跪"。

拿破仑一生指挥过的战役约计 60 次，比历史上著名的军事统帅亚历山大、汉尼拔和恺撒指挥的战役总和还要多。约 20 年的"拿破仑战争"，前期主要是为了抵御外来侵略，后期也有反抗民族压迫的因素，但战争已具有明显的侵略性和掠夺别的民族及兼并别国领土的性质，给欧洲和法国人民带来了巨大的灾难。

虽然功过难以定论，但拿破仑对后人的影响仍很深远。他虽然身材矮小，却是历史上少有的军事领袖。

智慧感悟

滑铁卢的失败，只是人生中的一次挫折，即使被流放，拿破仑也仍然想着要再来一次。这样的勇气，不是所有人都能具备的。

第九章

草莽英雄震古烁今——曾国藩

人苟能自立志，则圣贤豪杰何事不可为？何必借助于人！

——曾国藩

从一个进士，10年之间连升十级，变身朝廷要员；既保住自己的权位，又能对朝廷提出尖锐的改革方案；承受同僚的排挤，"屡败屡战"，在生生死死中感悟圣贤之理……曾国藩的经历成为中国近代历史上独特的一段，被后人说道和议论。曾国藩本人，也成为中国历史上一个活脱脱的传统文化成功范本。他有政治家、军事家、文人和兄长诸多身份，他对每一个身份的把握都是恰到好处，拿捏精当。而每一重身份，也都为他的做人原则增加了一些含金量。

 修身课程表

曾国藩是清廷衰败暗淡之路上的一抹烟火，短暂而惊艳地照亮过黑暗王朝的夜空，近代思想家梁启超、革命领袖毛泽东都曾经在这抹亮光中寻找过人生方向和为人处世的方法。点燃这一抹烟火的正是曾国藩集中国传统文化于一身的做人哲学，而这，先要从他年轻时就奉行的修身自立说起。

修身就是自我要求，早自孔子，近至温家宝总理，都是从修身开始，逐渐实现"齐家"，乃至"治国、平天下"的宏伟抱负的。曾国藩

的修身日记，从 29 岁时起，直至病逝的前一天止，33 年来从不间断。从这也可以看出他修身的恒心，令人钦佩。

早在 20 岁时，曾国藩就改号"涤生"，寓意自己要洗涤身心，用一种全新的心态来面对生活。这样积极自觉的意识，不仅让他在同龄青年中显得更加稳重、优秀，也帮助他日后结识了修身方面的重要人物，也就是在他 30 多岁时认识的老师和朋友。

在老师和朋友们的帮助下，他设计了一份修身课程表，大致内容是要坚持良好的生活习惯，如不赖床、晚上及时休息等；要保持好的学习状态，按时记笔记、用心读书等；要严格要求自己，常常反省，并且记下一日的收获，慎重言谈等。并将这些作为家书的内容，郑重地介绍给了仍在求学的弟弟们。虽然他十分重视这张表格，但并没有要求弟弟们照搬自己的经验，而是希望他们能仿效自己，各自设立适合自己的修身课程，并坚持执行。同时，他也谈了一下自己坚持修身课程的情况，虽然没有全部落实到位，但其中"记茶余偶谈、读史、写日记"这三件事他是一直坚持下去的。

曾国藩的修身课程是他对父亲、恩师、朋友和自己修身经验的提炼和总结，正是遵照这样的修身课程，他一步一步走上影响中国历史的位置。即便到了今天，像早起、专注、坚持写日记、严格要求自己、每天学习新知等内容，以及其中蕴含的勤奋上进的精神仍然值得青少年继承和发扬。

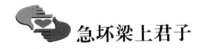

急坏梁上君子

曾国藩能够成为晚清的重臣，与他小时候勤奋读书不无关系，正是他踏实的性格为他赢得了后来的机会。

在曾国藩的文章中记载了他小时候的一个故事。说他小时候天赋并不高，读书总是记不住。有一天晚上，他在家读书，对一篇文章重复不知道多少遍了还在朗读，因为他还没有背下来。这时候他家来了一个贼，潜伏在他的屋檐下，希望等读书人睡觉之后捞点好处。

可是，等啊等，就是不见曾国藩睡觉，曾国藩还是翻来覆去地读那篇文章，而且读得津津有味，没有一点儿倦意。贼终于等不了了，从梁上跳下来说："你这种水平读什么书？我都听会了，你还是趁早改行吧。"然后将那文章从头到尾背诵一遍，扬长而去！

贼人比曾国藩要聪明，但是他只能成为贼，而曾国藩却成为连毛主席都钦佩的人。

后来，曾国藩的儿子曾纪鸿由于练字收效太慢产生了急躁情绪，曾国藩就结合自己练字的经历，告诉他不管什么事都要经历一个艰难困苦的过程才能做好。他在信中说，"我学习颜、柳字帖的时候，临摹的纸常常有好几百张，即便这样还是进步不大。直到前后临习 8 年之久，临摹的纸数早已过千，才有一点进步。如今，你用功不过一个月，怎么能成功呢？不单单是练字，所有的事情都会有最困难的时候，能战胜困难的，就是好汉。"

曾国藩说的道理，不也正适合我们吗？无论遇到什么困难，循序渐进，坚持不懈，即便是一开始不如别人，只要坚持下去，也能实现目标。

 慎　独

一个人要做到表里如一，就要管好自己。管好自己也是我们传统文化中君子修身的必修课，称之为慎独，就是一个人的时候，要保持谨慎和庄重。一个人在独立工作、无人监督时，有做各种坏事的可能，而不做坏事，这就叫慎独。慎独也是曾国藩晚年结合自己一生的体验，对后辈提出的忠告。曾国藩认为，如果一个人能够做到慎独，那么他内心就没有什么歉疚，也不会做感到心虚、惭愧的事，自然就会有安然愉快的心境，所以，慎独是一个人自强自立的第一途径，是寻求安乐的第一方法。

　　有一次，曾国藩做了一个美梦。"昨天夜里梦到有人得到好处，很是羡慕。醒后狠狠地批评自己，可见好利之心竟已跟随到梦中去了，怎能卑鄙到这种程度呢？真是下流啊！"原来，曾国藩一天晚上梦到一位同僚得到肥差和赏赐，不禁暗暗羡慕。第二天醒来，他回忆起自己的梦境，想到自己这样容易为利所动，日后能不见利忘义吗？怎么对得起恩师的教诲！怎么对得起自己！父母给自己起名"国藩"，就是希望自己将来能够为国尽忠，自己又怎么对得起饱含着父母期待的"国藩"二字！不行，得好好骂骂自己，务必使自己改掉好利之心。于是，他一边痛责自己，一边把这件事记在了修身日记中，随后又拿着日记到唐鉴老师那里认错悔改，大有不改彻底绝不罢休之势。

　　可见，曾国藩的慎独不仅仅是"思过"，更重"改过"。他在道光二十二年十月初一开始实践慎独之前，曾与一位叫小珊的朋友闹了别扭。他十月初一下决心重新做人，认真反思了一下这件事，发现问题出在自己待人不厚、言语不当上。初九，就舍下"面子"，主动找小珊认错。十月十三，他又与另一位朋友请小珊吃饭，释怨于杯酒之间。后来，他与小珊"从此欢笑如初，前嫌尽释矣"。

　　正是这样，曾国藩凭着自己严格认真的慎独作风，不仅提升了自己的素养，也感动了周围的人。他的后继者李鸿章，后来政治地位比他高。李鸿章接待他人时，常带傲慢轻侮之色，唯对曾国藩，有如严父，恭恭敬敬。这正是"其身正，不令而行"啊！

智慧感悟

　　曾国藩的成长印证了一句古话："有志者，事竟成。"如果我们可以写下自己的志向，并且一生坚持，就没有无法实现的目标。

第十章

美国精神的完美代表——富兰克林

傻瓜的心在嘴里，聪明人的嘴在心里。

——富兰克林

我们都知道富兰克林曾做过著名的"风筝实验"，他最先提出了避雷针的设想，设计避雷针减少了雷击灾害。他创造的许多专用名词，如正电、负电、电池、充电、放电、导电体等成为今天通用的词汇。他也是一位优秀的政治家，是美国独立战争的老战士。《独立宣言》和美国宪法的产生，都有他的参与；他积极主张废除奴隶制度，深受美国人民的崇敬；他还是美国第一位驻法大使，在世界上也享有较高的声誉。

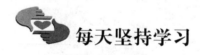 每天坚持学习

富兰克林出生在美国波士顿，父亲原是英国漆匠，并且出售自制的蜡烛和肥皂。富兰克林家有10个孩子，他排行第八。由于姊妹众多，富兰克林8岁入学，10岁时就被迫离开了学校，回家帮父亲做蜡烛。富兰克林一生只在学校读了这两年书。

12岁时，他到哥哥经营的小印刷所当学徒，自此他当了近10年的印刷工人。在当学徒的过程中，他也从未间断过学习，他从伙食费中省下钱来，买书自学。在工作过程中，他结识了几家书店的学徒，因

此获得便利，将书店的书在晚间偷偷地借来通宵达旦地读，第二天一早再归还。从自然科学、技术方面的通俗读物到著名科学家的论文以及名作家的作品，他都不愿意放过。

富兰克林在学校的时候成绩优异，唯独算术曾两次不及格。当学徒的时候，他又将算术学了一遍。除此之外，他读了关于航海的书，从书里接触到了几何学知识；还读了《人类的悟性》和《思维的艺术》。富兰克林的学习日渐深入，他的思维也越来越开阔。

17 岁时，富兰克林离开了波士顿，先后到费城和英国伦敦的印刷厂当工人。20 岁那年的秋天，富兰克林回到费城，这时他已掌握了精湛的印刷技术，能够独立经营印刷所了。他印刷和发行了《宾夕法尼亚报》，并出版了自己的作品《可怜的李查历书》，这本书当时被译成 12 种文字，销行于欧美各国。第二年秋，他和几个青年在费城创办了"共读社"，组织了小型图书馆，帮助工人、手工业者和小职员进行自学，这是美国历史上第一个图书馆。他们每星期五晚上讨论有关哲学、政治和自然科学等问题。这时的富兰克林还不到 30 岁，但已经成为一个学识渊博的学者和启蒙思想家，在北美的声誉日益提高，而这一切，正如贝多芬所说，"完完全全是靠他自己得来的"。

富兰克林的"共读社"存在了 40 年之久，后来发展为美国哲学会，是美国科学思想的中心。

随后，富兰克林的政治道路也走得很通畅，他先是当选为宾夕法尼亚州议会秘书，后任费城副邮务长。虽然工作越来越繁重，可是他每天仍然坚持学习。他希望可以阅读外国书籍，便开始孜孜不倦地学习外语，先后掌握了法文、意大利文、西班牙文及拉丁文。他广泛地接受了世界科学文化的先进成果，为自己的科学研究奠定了坚实的基础。

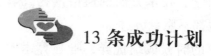 **13 条成功计划**

富兰克林在印刷厂的经营上取得了巨大的成功，他吃苦耐劳、讲求信誉，不仅在印刷界的激烈竞争中站住了脚，并且把业务扩大到邻近几个州以及西印度群岛，成为北美洲印刷出版行业中的佼佼者；他注意观察自然现象，研究科学问题，在电学上划时代的研究成果使他成为蜚声世界的著名科学家；他一生积极实践，创造了新式火炉、避雷针、电轮、三轮钟、双焦距眼镜、自动烤肉机、玻璃乐器、高架取书器、新式路灯等；他仅读过两年小学，但被美国的哈佛大学、耶鲁大学，英国的牛津大学、爱丁堡大学等授予硕士学位或博士学位；他是杰出的社会活动家，是北美殖民地极富影响的人物……

富兰克林是历史上罕见的"杂家"，但凡在感兴趣的领域，他都有杰出的表现。为什么他可以如此成功？为什么他能够赢得世界人民的一致赞赏？美国人推崇的富兰克林"13 条成功计划"，可以回答这些疑问。

这 13 条成功计划分别是：

1. 节制。食不过饱，饮酒不醉。

2. 谨言慎行。言则于人于己有益，不作无益闲聊。

3. 生活有秩序。各种东西放在一定的地方，各项日常事务应有一定的处理时间。

4. 果敢。事情当做必做，既做则坚持到底。

5. 俭朴。花钱应于人于己有益，即不浪费。

6. 勤劳。不浪费时间；不去关注那些无聊的言论，每时每刻做有用之事。

7. 诚恳。不欺骗人，思想纯洁公正，说话也应诚实。

8. 正直。不做于他人不利之事，切勿因为忘记履行对人有益的义务而伤害他人。

9. 中庸。勿走极端；受到应有的处罚，应当容忍。

10. 干净整洁。身体、衣服和住所应力求清洁。

11. 内心保持宁静。勿因琐事或普通而不可避免的事件而烦恼。

12. 庄重。切戒贪图享受、纵情作乐、做伤害身体或有损自己或他人的安宁或名誉的事。

13. 谦虚。效法耶稣和苏格拉底。

也许有人觉得这 13 条计划也没有什么创新之处，但是富兰克林一生谨守这些原则，最终为整个社会作出了巨大的贡献。所以说，"知道"和"得到"之间，还有一项"做到"。

1790 年 4 月 17 日夜里 11 点，富兰克林与世长辞。在他出殡的那一天，费城人民为他举行了隆重葬礼，两万多人参加了出殡仪式，为富兰克林的逝世服丧一个月以示哀悼。同时，不仅美国国会决定为他服丧一个月，法国国民议会也决议为他哀悼。富兰克林的一生，可以用群众为他后立的碑文概括："从苍天处取得闪电，从暴君处取得民权。"

智慧感悟

正如富兰克林所说的那样："诚实和勤勉，应该成为你永久的伴侣。"

第十一章

只有时间能让她倒下——撒切尔夫人

我知道，我作为一名女首相，要是干得不好的话，英国就将不可能再有另外一名女首相了。

——撒切尔夫人

没有显赫的门第庇荫，没有夫贵妻荣的依傍，靠的只是自己的不断努力和顽强奋斗，终于在英国这个重门第、讲传统的国度里，一步一步地沿着成功的阶梯攀登，到达权力之巅。她是英国保守党这块"男人的天地"里的第一位女领袖，英国历史上第一位女首相，而且是创造了蝉联3届、任期长达11年之久纪录的女首相。

 **接受最质朴的教育**

撒切尔夫人的父亲罗伯茨是英国某小城的一家杂货店店主，他称女儿"玛格丽特"。在玛格丽特5岁生日那天，父亲把她叫到跟前，语重心长地说："孩子，你要记住：凡事要有自己的主见，用自己的大脑来判断事物的是非，千万不要人云亦云。"从此，父亲着意把女儿培养成一个坚强独立的孩子。当她7岁时，父亲带她到图书馆去，鼓励她看三类书：人物传记、历史和政治书籍。

罗伯茨刻意为女儿创造一种节俭朴素、拼搏向上的家庭氛围，因而玛格丽特早年的生活清淡艰苦。罗伯茨与女儿就各种问题进行辩论，以训练她机智沉着、语言犀利、充满感染力和穿透力的雄辩才能。11岁时，玛格丽特进入凯斯蒂女子学校。在辩论俱乐部的辩论会上，她的辩论思维敏捷、观点独到、讲话准确、气势磅礴。

入学后，玛格丽特看见了同龄人的生活远比自己轻松。她回家鼓起勇气跟威严的父亲说："爸爸，我也想去玩儿。"罗伯茨平静地说："你必须有自己的主见！不能因为你的朋友在做某件事情，你也跟着去。你要自己决定你该怎么办，不要随波逐流。"见她仍有怨气，罗伯茨继续说："爸爸并不限制你的自由，而是你应该要有自己的判断力，有自己的思想。现在是你学习知识的大好时光，如果你想和其他人一样，沉迷于玩乐，那样肯定会一事无成。我相信你有自己的判断力，你自己决定吧。"听了父亲的话，玛格丽特不说话了。

正是父亲的培养，使玛格丽特从一个普通的女孩儿，最终成长为在世界政治舞台上叱咤风云的政治家。

别具魅力的铁娘子

1979年5月4日，撒切尔夫人接掌英国大权。看到撒切尔夫人的赫赫政绩，人们很自然地把撒切尔夫人视为自信、进攻、挑战、威严和果断的典型。其实，撒切尔夫人还有其特有的魅力。

有一次，撒切尔夫人手下的一名主管被指控偷窃，虽然很明显是被人陷害的，但这位主管还是觉得在同事面前抬不起头来，心理压力非常大。

当撒切尔夫人了解了这件事情之后，她邀请主管一起去散步。和他聊家庭、孩子，不知不觉就走完了办公大楼的所有长廊。后来，她带着主管进了茶室，这里的门时刻敞开着，撒切尔夫人特意挑选了一个显眼的位置，使得经过和进入茶室的人第一眼就看得见他们。在这里，视时间为金子般珍贵的女上司居然同这位主管闲坐了一个多小时。

这次谈话之后，同事们对主管的态度有了180度的大转弯，他们的眼睛里充满了友善和信任，不再在背后窃窃私语，脸上挂满了笑容……

当主管终于被宣判完全无罪，和他的妻子离开法院准备回家的时候，他看见撒切尔夫人正穿过人群大步向他走来，向他祝贺。主管的心中充满了感激之情。

这只是一件小事情，但撒切尔夫人毫不吝啬自己的信任，并巧妙机智地维护了下属的尊严，使他能够走出困境，这就是大人物的魅力所在。

能够为女性争取到首相的机会，撒切尔夫人就已经是功臣了。但是她对自己还有更高的要求，是永远不会停止进步的。

第十二章

口吃的孩子也能当演说家——丘吉尔

你若想尝试一下勇者的滋味，一定要像个真正的勇者一样，拿出全部的力量去行动，这时你的恐惧心理将会被勇猛、果敢所取代。

——丘吉尔

祖先是英国历史上著名的军事统帅，在安妮女王统治时期的英国政界权倾一时；父亲是19世纪末英国的杰出政治家，曾任索尔兹伯里内阁的财政大臣；母亲珍妮·杰罗姆是美国的百万富翁、《纽约时报》股东之一的伦纳德·杰罗姆的女儿。出生在如此声名显赫的贵族家庭，他的一生很难平庸。他就是二战时反法西斯阵营的三巨头之一、曾两任英国首相的著名政治家，直到今天仍被认为是20世纪最重要的政治领袖之一的丘吉尔。丘吉尔还是著名的演说家、作家、记者、历史学家和画家。

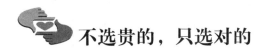 **不选贵的，只选对的**

英国前首相温斯顿·丘吉尔出生在丘吉尔庄园，这座庄园是安妮女王为表彰其家族1704年8月击败法军的战绩而赏赐的。

小丘吉尔非常顽皮，他经常把小伙伴们组织起来，自己充当领导，发号施令。但丘吉尔在学校的表现一般，除了成绩出乎意料的差，他没有什么引人注目的地方。对他来说，拉丁语和自然科学的公式、定理太枯燥了，但他在学习英语上有着特殊的兴趣和天赋。他也不讨厌历史和哲学。小学结束时，他以勉强及格的平均成绩进了哈罗公学，这是一所专门培养贵族和富人子弟的学校。但在新学校里，他还是被列为成绩最差的学生，好在学校比较重视英语写作，学校勉强允许丘吉尔进入，丘吉尔才把本校的课程学完。

成绩差、贪吃、顽皮，丘吉尔的"三大罪行"受到了老师的多次警告。可是他的父母却认为，他的英语写作和演讲能力非常突出，考试分数并不能说明什么。如果他的专业与他的特长相符，一切都会好起来。于是，他的父母丢掉贵族家庭的包袱，送他进了桑赫斯特军校当了一名骑兵士官生。

桑赫斯特军校是一所极普通的士官学校，有身份的人的孩子一般是不会到这所学校的。也正是因为这个原因，在这个上流社会子弟们瞧不起的地方，丘吉尔如鱼得水。军校毕业时，丘吉尔的成绩在班上名列前茅。

无独有偶，著名的教育家叶圣陶在教育儿子叶至善时也有着类似的做法，让人备受启发。

叶至善在小学时曾因成绩不好而留过三次级。后来，经过努力，他考取了一所以学风严格、学习成绩优异而闻名的省立中学。在这所学校读了一年，他又因为有四门功课不及格要留级。面对难过的儿子，叶圣陶不去责备他；相反，他让儿子不要有思想包袱，还给儿子换了所私立中学，叶至善进了这所学校，有了明显的转变，对学习也有兴趣了。

丘吉尔和叶至善，都是放着最好的学校不去，而去最适合自己的学校，这正应了一句话：不选贵的，只选对的。

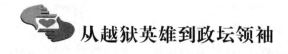

从越狱英雄到政坛领袖

丘吉尔从军校毕业，被分配到骠骑兵团任中尉。当时在古巴爆发了人民起义战争，丘吉尔被英国情报部门看中，要他搜集西班牙军队使用枪弹的情报。此外，一家报社也聘请他为随军记者，古巴之旅使丘吉尔爱上写作和记者的生活。

随后，丘吉尔又前往印度，担任两家报社的记者，采访英国的军事行动，并在发稿期间完成了第一部著作《马拉坎德野战军纪实》，之后又相继出版了小说《萨伏罗拉》及有关英国和苏丹战争的《河上的战争》。

因为喜欢当记者，丘吉尔辞去军职，以记者身份前往南非采访英布战争。但不幸被俘虏，贵族身份再一次成为他的包袱——因其贵族的特殊身份，敌人不愿意释放他。1899 年 12 月，丘吉尔独自一人越狱成功，在一个英国侨民的帮助下逃到了莫桑比克的英国领事馆。丘吉尔成为越狱英雄，回国之后，他决定抓住机会踏入政坛。

丘吉尔最初是保守党议员，但他抨击保守党政府的多项政策，最终与保守党彻底决裂，坐到了反对党自由党的议席中。两年以后，自由党上台，丘吉尔从殖民地事务部次官很快变成商务大臣，正式进入内阁。

在担任内政大臣期间，丘吉尔因为对罢工的工人强硬的态度而遭到指责，他曾亲自到现场指挥包围工人的行动，甚至调动大炮和军队。1911 年秋天，丘吉尔获任海军大臣，他改变过去一味要求裁减军费的作风，开始主张与德国进行海军军备竞赛，确保英国在海军方面的优势。

 在世界大战中成长起来的首相

丘吉尔在第一次世界大战期间的作为并不十分引人注目，却积累了不少经验。二战爆发数小时后，首相张伯伦邀请丘吉尔加入战时内阁，并成为组织战时内阁的重要人物。由于战事发展不顺利，张伯伦只得向国王提出辞呈，并建议由丘吉尔组阁，丘吉尔从此成为战时首相。

丘吉尔首次以首相身份出席下议院会议，发表了著名的讲话："我没有别的，只有热血、辛劳、眼泪和汗水献给大家……没有胜利就无法生存。"这场演讲以 0 票反对的绝对优势赢得了下议院对丘吉尔政府的支持。

上任后，丘吉尔首先访问法国，当时法国即将投降，但是他向法国领导人表明，即使法国被打败了，英国也将继续战斗。随后丘吉尔撤出在法国的英军，并且发表了二战中最鼓舞人心的一段讲话：

"我们将战斗到底。我们将在法国作战，我们将在海洋中作战，我们将以越来越大的信心和越来越强的力量在空中作战，我们将不惜一切代价保卫本土……我们绝不投降，即使我们这个岛屿或这个岛屿的大部分被征服并陷于饥饿之中——我从来不相信会发生这种情况——我们在海外的帝国臣民，在英国舰队的武装和保护下也会继续战斗，直到新世界在上帝认为适当的时候，拿出它一切的力量来拯救和解放这个旧世界。"

英德两国在二战中进行了一场硬战，英国在人数上处于劣势，但丘吉尔的演说始终让不列颠战士满腔热血，英勇杀敌。丘吉尔与美国总统罗斯福良好的私人关系也帮助英国在最关键的时刻获得了美国大量的支援物资，丘吉尔也一改过去坚决反对社会主义的态度，主动与苏联合作，这为反法西斯战争的胜利赢得了更多筹码。

战争结束后，战时内阁也必须解散，丘吉尔卸下了首相职务。但在 1951 年的大选中，丘吉尔再度出任首相。1953 年 12 月 10 日，丘吉尔获得诺贝尔文学奖，"因为他精通历史和传记的艺术以及他那捍卫崇高的人类价值的光辉演说。"

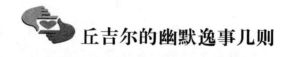

丘吉尔的幽默逸事几则

和狗看电影

丘吉尔有一只心爱的卷毛狗，名叫鲁弗斯。一天晚上，在首相的乡间别墅里放映电影《雾都孤儿》，鲁弗斯像往日一样，在它主人的膝盖上占据了一个最好的位置。当影片放到比尔·赛克斯为了摆脱警察的追踪，准备淹死他的狗时，丘吉尔用手捂住了鲁弗斯的双眼并说："亲爱的，现在不许看了，等会儿我会告诉你后来发生的事。"

没问题

在英国前首相丘吉尔75岁生日茶话会上，一名年轻的记者对丘吉尔说："首相先生，我真希望明年还能来祝贺您的生日。"丘吉尔拍拍记者的肩膀说："记者先生，你这么年轻，身体又这么壮，应该是没问题的。"

会晤时的笑话

二战中，德军占领荷兰期间，荷兰流亡政府在美国设立了总部。德克·吉尔总理没怎么出过国，也几乎不会讲英语。在第一次会晤温斯顿·丘吉尔时，一见面，丘吉尔伸出手，向他的英国盟友友好地说了声"再见"。"先生，"丘吉尔这样作答，"我希望所有的政治会议都这样简短扼要。"

智慧感悟

不顾一切去努力拼搏，这也是常人难以做到的。

第十三章

拉美第一硬汉——卡斯特罗

我从未忽略美国人的优点。人人都不应忘记：美国曾经是个艰苦地争取独立的殖民地。林肯万岁！

——卡斯特罗

菲德尔·卡斯特罗的一生是革命的一生，自哈瓦那大学毕业后，卡斯特罗就领导发动了反对独裁政权的武装起义，失败后被捕。随后，他流亡美国、墨西哥。回到古巴后，在马埃斯特拉山区创建起义军和根据地。1959年1月，他推翻巴蒂斯塔独裁政权，成立革命政府，出任政府总理和武装部队总司令。很多年轻人尤其是男孩子们，将卡斯特罗当作自己的偶像。

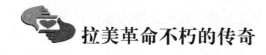 **拉美革命不朽的传奇**

菲德尔·卡斯特罗出生在古巴一个富有的庄园主家庭。他自幼胸怀大志，富有反抗精神。他反对父亲虐待雇农，为此多次与父亲争吵，13岁时曾组织蔗糖工人进行反抗自己父亲的罢工。

19岁那年，卡斯特罗考入哈瓦那大学法律系，并积极投身于反对亲美独裁政权的爱国学生运动当中，成为哈瓦那大学的风云人物。

成为律师后，卡斯特罗专为贫苦大众充当辩护人。1953年7月26日，27岁的卡斯特罗率领100多名爱国青年攻打圣地亚哥的蒙卡达兵营，掀起反对巴蒂斯塔独裁政权的武装斗争。但起义失败，大部分青年起义者惨遭杀害，卡斯特罗被关进监狱。两年以后，古巴因为总统选举而大赦政治犯，卡斯特罗及其战友意外获释，逃亡到了墨西哥。

　　1956 年冬天，卡斯特罗率领 81 名战友从墨西哥出发，远征古巴。后来远征战士大部分伤亡，包括卡斯特罗在内的 12 名幸存者进入山区开展游击战争，他本人任起义军司令。

　　起义军把武装斗争同土地斗争结合在一起，队伍迅速壮大，独裁政权很快土崩瓦解。1959 年元旦，起义军进入首都哈瓦那，卡斯特罗终于代表新的政府走上了历史舞台。

　　古巴革命胜利后，卡斯特罗对国内进行了一系列改革，维护国家主权。在此期间，美国对古巴进行了长期的经济封锁，苏联解体和东欧剧变也给古巴带来了巨大冲击。

 "历史将宣判我无罪"

　　1953 年 7 月 26 日，卡斯特罗率领百余名爱国青年攻打千人驻守的古巴蒙卡达兵营，在当时引起轰动。蒙卡达兵营是著名的政府军驻地、古巴第二大兵营，守军训练有素、装备精良。而这个 27 岁的年轻人同一帮热血青年竟敢"不自量力"，结果可想而知。

　　卡斯特罗被捕入狱，判了 15 年监禁。在法庭上，卡斯特罗自任辩护律师，微笑着说："历史将判我无罪。"并发表了气势磅礴的演讲，很多热血青年都曾背诵过这篇演讲，委内瑞拉总统查韦斯也曾被他感动。

　　"从来没有过任何一个辩护律师得在这样困难的条件下进行工作；也从来没有过任何一个被告遭到过这么多的严重的非法待遇。在本案中，辩护律师和被告是同一个人。我作为辩护律师，连看一下起诉书也没有可能；作为被告，我被关闭在完全与外界隔绝的单人牢房已经有 76 天，这是违反一切人道和法律规定的。

"我绝对厌恶幼稚的自负，没有心情而且生性也不善于夸夸其谈和做什么耸人听闻的事情。我不得不在这个法庭上担任自己的辩护人，是由于两个原因：第一，是因为实际上完全剥夺了我的受辩护权；第二，是因为只有感受至深的人，眼见祖国受到那样深重的灾难，正义遭到那样践踏的人，才能在这样的场合呕心沥血地讲出凝结着真理的话来……

"诸位法官先生，这里所发生的现象是非常罕见的：一个政府害怕将一个被告带到法庭上来；一个恐怖和血腥的政权惧怕一个无力自卫、手无寸铁、遭到隔离和诬蔑的人的道义信念。这样，在剥夺了我的一切之后，又剥夺了我作为一名主要被告出庭的权利。请注意，所有这些都发生在停止一切保证、严格地运行公共秩序法以及对广播、报刊进行检查的时候。现政权该是犯下了何等骇人的罪行，才会这样惧怕一个被告的声音啊……

"我对法庭只有一个要求，即尊重我完全自由地表达我的意见的权利。不这样的话，就连一点儿纯粹表面的公正也没有了，那么这次审判的最后这一段将是空前的耻辱和卑怯……

"至于我自己，我知道我在狱中将同任何人一样备受折磨，狱中的生活充满着卑怯的威胁和残暴的拷打，但是我不怕，就像我不怕夺去了我 70 个兄弟的生命的可鄙的暴君的狂怒一样。

"判决我吧！没有关系。历史将宣判我无罪！"

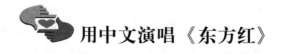 用中文演唱《东方红》

古巴和中国一样，是世界上为数不多的社会主义国家，因其在超级大国美国的家门口，更是一直被视为资本主义世界的眼中钉。为什么卡斯特罗可以在美国面前毫不动摇，可以让红色成为西方世界中"一枝独秀"？有一个细节或许可以解答这个疑问。

2004 年，卡斯特罗访问了中国。这时他的身体状况已经不是很好，但仍然接受了媒体的采访。他一身军装，一脸络腮胡子，这是卡斯特罗的标准形象。他不仅接受了采访，还表演了一个节目——用中文演唱了革命歌曲《东方红》。虽然腔调不是很流畅，但卡斯特罗用力地挥动他的右手，十分投入。很多中国观众都看到了这一幕，就像找回了当年的感觉、遇到了遥远的亲人一样，感动得流下了眼泪。

《东方红》这首歌对中国人来说有着特殊的意义，1970 年 4 月 24 日，我国自制的"东方红一号"飞入宇宙太空时，就曾带着这首歌。卡斯特罗演唱这首歌，既是对中国的友好，也是对革命情意的一种追述——同是社会主义国家，要接受同样的压力，面临相似的问题。

卡斯特罗没有唱完整首《东方红》，他演唱了一部分，向着镜头微笑着挥着手，就从电视屏幕上消失了，留下一身草绿色军装的背影。在国际新闻里，几乎所有的中国观众都认识卡斯特罗的军装，如同阿拉伯人阿拉法特的阿拉伯头巾一样，是他们背后的那片土地的符号。卡斯特罗的军装似乎在说：革命尚未成功，同志仍须努力……

智慧感悟

卡斯特罗的大胡子肖像，仍是一面战斗的旗帜，不屈不挠、自由飘扬在拉丁美洲湛蓝的天空之上，激荡着无数自由心灵。"你问我要去向何方，我指着光线的方向。"哈瓦那，这个令人向往的城市，有着全世界最美丽的天空和沙滩、自由和幻想。这一切都是因为有一种光线的力量和方向，让人一想起来就心襟荡漾。

第十四章

世界大忙人——安南

虽然有些石头从我们手中脱落并滚下山坡，但我们还是把一些大石头推到了山顶。

——安南

他出生在非洲部落酋长之家，却接受了良好的西式教育；他热爱自己的祖国，却很少提到自己是加纳人，而自称非洲人；他被称为"世界总统"，却没有任何实际的政治权力，没有任何领土归他管辖，没有任何军队供他调遣；作为联合国前任秘书长，他有着太多的麻烦和困扰，但他始终保持乐观；他引人注目，却是个低调的人；他既有高贵的品质，也不乏普通人的生活原则；他永远让人感觉处于一种平和的状态……

他就是有着当代"堂吉诃德"之称的安南。

 **裤兜里的烟头**

有一件事，影响了安南一生。

还在安南小的时候，有一次，父亲正伏案审阅一堆材料，或许是发现了一些问题，就叫一个经理来他办公室。那个经理闻讯急忙赶来，匆忙之中，他忘了掐灭手中的纸烟。当他站在安南的父亲面前时，才意识到手中还拿着纸烟，这是很没有礼貌的行为，因为他知道安南的父亲讨厌抽烟的人。慌乱之下，那个经理把正在燃烧的纸烟塞进了裤兜。他就站在那里听安南的父亲问他问题，裤子在冒着浓烟。

目睹这一切，安南非常震惊。当那人离开后，愤怒的安南忍不住质问父亲："你为什么要这样对他？你知道吗，他把正在燃烧的烟头塞进了口袋。"

父亲回答说："儿子，你误会了。你瞧，桌子上有烟灰缸，他可以在那里把烟掐灭。当然他也可以和我说一下，然后出去把烟扔了。他甚至可以在办公室把烟抽完。但很遗憾，他没有这样做，而是把烟塞进了裤兜。这没有必要。今天，你看到了以后你永远不应该做的事：不要卑躬屈膝，不要谄媚奉承，要自尊。"

这件事让安南一直牢记在心，在做了联合国秘书长之后，他更是勇敢地担负起了维护联合国自尊的艰巨责任。

有人说，安南最大的敌人是美国。美国人一度以为安南是他们挑出来的人选，所以安南应该对他们"感恩戴德"。可每当这个超级大国对他指手画脚时，安南却有着自己的策略：洗耳恭听，但最终只按照自己的思路办事。

在布什政府咄咄逼人的单边主义政策下，安南没有见风使舵。2003 年，美国绕开安理会擅自发动伊拉克战争，令安南一直主张以和平方式解决问题的辛苦付诸东流，也一下子打击了联合国多年来辛苦建立起的尊严和威望。此时安南勇敢地站出来，批评美国动武不合法，维护联合国的尊严，虽然异常艰难，但安南仍不懈地努力着。

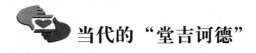

当代的"堂吉诃德"

安南服务联合国的 40 年，从最下层直到最上层，几乎经历了所有的级别，差不多了解它的每一个角度。他知道在联合国 60 年的历程中，其命运多舛、历经磨难，有过成功的辉煌，也品尝过失败的痛苦。直到如今，这个机构仍然不能实现创立者们的理想。

在伊拉克战争结束以后的 7 个月，安理会通过 1551 号决议，接受联军对伊拉克的占领，承认美国可以全权处理伊拉克事务，使占领最终变得合法。当时有一位外交官对此评论道："联合国的自杀行为，使联合国的脸面荡然无存。"

对此，安南不得不哀叹秘书长是世界上"最不能接受的工作"，一种"地狱般的工作"。他曾自我解嘲地说："这个工作总得有人做，现在正好轮到我了。"

实际上，秘书长要小心翼翼地处理好与美国的关系，否则"会死得很难看"。正如被美国"废除"的前秘书长布特罗斯·加利在回忆录中写的："到最后我才明白，一位秘书长在遇到任何紧张关系的时候，始终必须致力于和美国维持良好的关系。"

有人说，美国实际上只是利用联合国，稍不如意便"大发雷霆"。比如，美国常驻联合国代表博尔顿就口出狂言："不存在联合国这种东西。"他将联合国描绘成"一个巨大的、生锈的超级官僚机构，处理从荒谬到超现实的问题"。而美国参议院外交委员会主席杰西·赫尔姆斯甚至扬言"恨不得将联合国扔进大海"。

面对美国公开责难联合国，安南忧心忡忡，他曾撰文指出："联合国一直在努力缩小现实与联合国诞生时的理想之间的差距。正因为至今还存在着差距，珍视自由与和平的人们就更加应该使联合国得以巩固和加强，而不是将其拆毁。"

安南在任的 10 年，是全球经历最深刻变化的 10 年，陪伴着联合国历经风雨的安南，也走过了自己政治生涯中的高峰和低谷。有人说，这位温和的加纳人扩大了秘书长的角色职责，使之成为"世界顶尖外交官"；有人说，安南领导下的联合国饱受丑闻困扰，威望日益下降，称他是"世界最差管理者"更为合适；还有人这样说，联合国秘书长听上去像是"世界总统"，可他一无领土二无兵，什么实权也没有，还有超级大国动辄指手画脚。安南这 10 年，一路像走钢丝，不易。

安南就像一位当代的"堂吉诃德"，努力地在这个不完美的世界里追求联合国的理想。

安南的西装上衣上总是别着一只银色的和平鸽，他还不断提醒人们要看到事物好的一面："别诅咒黑暗，最好还是点上一支蜡烛吧。"

是啊，世界上不存在绝对完美的事物，正因为不完美，才使人类孜孜追求。一位花了两年时间潜心撰写安南传记的德国人对安南的这一面给予了很高的评价，称赞他就像"风中的一片树叶"，"不是那种以头撞墙的人，一个基本上是面向世界的人，一个世界公民和世界主义者。"

 **安南，难安**

他是世界上最忙碌的和平使者。

安南任秘书长的 10 年，是联合国维和部队最为繁忙的 10 年。这期间，维和人数达到历史顶点，而安南也成为历任秘书长中出访战乱地区最多的一位。安南将自己的工作形容为"与时间赛跑"。就任后，为了和平使命，他在世界各地不断地穿梭访问，调停斡旋、化解危机、遏制冲突、防止战争，到处呼吁和谈、谴责暴力，足迹遍布五大洲。无论是在伊拉克危机、中东巴以冲突中，还是在南亚克什米尔争端、阿富汗战争里，都可以见到安南的身影。

与安南共事的联合国维和人员说，无论天气多么恶劣，道路多么危险，营地距离狙击手的枪口多么近，他都毫无惧色。为了多争取到一些药品、食物供给，他不在乎身处险境。

安南至今被人津津乐道的一件事是，1999 年他亲临战火纷飞的科索沃进行斡旋。当时，他站在一栋楼房的阳台上，炸弹就在不远处炸响，他却镇静自若地在那里通过手机与各国领导人交谈了两个小时，身上只穿了一件普通的防弹衣。

这份真诚和勇敢，为安南赢得了很高的声望，并使他在 2001 年被授予诺贝尔和平奖。在联合国秘书长中，他是在任时获此殊荣的第一人。在瑞典诺贝尔委员会看来，在推动联合国改革、加强对艾滋病的应对，以及对解决国际焦点问题的干预等方面，在安南领导下的联合国看起来正在发挥越来越多的作用，作为公认的和平使者，"不选他又能选谁？"

智慧感悟

生活中总会有着诸多的不如意，关键在于如何去看待。

第十五章

相信爱，传递爱——宋庆龄

青年是革命的柱石，青年是革命果实的保卫者，是使历史加速向更美好的世界前进的力量。

——宋庆龄

她有显赫的家世，中国近代史不可避免地要出现她的名字和她的家族。她从小接受西方教育，长大后追随有志之士进行革命，她被誉为"国母"。同时，她也是爱心的使者，关心下一代以及教育事业。她就是孙中山的夫人宋庆龄。

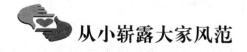 从小崭露大家风范

1893 年 1 月 27 日，宋庆龄出生在上海一个牧师兼实业家的家庭。父亲作为孙中山的朋友和同志，是她的第一个启蒙老师，母亲也是一位大家闺秀，对她和她的姐妹弟弟都有着很大的影响。后来在中国历史上，宋家有着不可估量的地位和作用。宋庆龄小时候就是个极其稳重、胸怀宽广的孩子。

宋庆龄生性腼腆，和姐妹兄弟们在一起时，她总是最文静的一个。不过父亲为她营造的生活环境和气氛使小庆龄于天性之外受到补益。假期里，三姐妹和兄弟们在院子里玩耍，爬过院墙到别人的田地里嬉戏。他们到田野里奔跑，采集花草，捕捉虫鸟，无拘无束地尽情

欢笑。

有一次，姐妹兄弟玩"拉黄包车"的游戏，宋蔼龄装作黄包车夫，宋庆龄扮成乘客，小妹小弟跟在身后又蹦又跳。正玩得开心时，不料"车夫"拉车用力过猛，双手失去控制，一下把"乘客"抛了出去。"车夫"愣在那里傻了眼，知道自己闯了祸；"乘客"又疼痛又委屈，满脸不高兴。

这件事被父亲知道后，亲切地对宋蔼龄说："做游戏也要有分寸，'黄包车夫'可不光是使力气呀！伤了乘客还怎么拉生意呢?"小蔼龄很不好意思。父亲又笑着对宋庆龄说："我们的'乘客'这样宽宏大量，这样勇敢坚强，真是了不起!"小庆龄受到父亲的夸赞和鼓励，从此一切都更加律己。长大以后，宋庆龄成为一位既富有爱心，面对邪恶势力又敢于斗争的伟大女性。

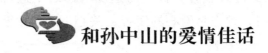

和孙中山的爱情佳话

在中国历史上，宋庆龄和孙中山两个人常常会被人们一并提及，他们不仅是夫妻，同时也是战友，有关他们的佳话一直流传至今。

1913 年 8 月 30 日，在父亲和姐姐的引荐下，宋庆龄与孙中山会面，当她站在孙中山面前时，孙中山先生着实大吃一惊："长高了，是个大姑娘了! 19 年前我还抱过你哩! 不信问你爸爸。"

当时，姐姐宋蔼龄是孙中山先生的英文秘书，后来，宋庆龄接替了姐姐，不仅在工作上帮助孙中山，更在精神上支持孙中山。她对革命的赤诚热烈之心，如同一支火炬照亮了孙中山先生一度灰暗的心。

宋庆龄与孙中山相恋，受到家人强烈的反对，后被软禁起来，完全失去自由。幸好在女仆的帮助下，宋庆龄才得以脱身。父亲知道女儿"私奔"后，立即与妻子搭船至日本阻拦。

举行婚礼的当天下午，父亲赶到梅屋庄吉的大门口，站在那里，气呼呼地高喊："我要见抢走我女儿的总统!"孙中山慢悠悠地走到大门口的台阶上站定，稳稳地说："请问，找我有什么事?"

突然，暴怒的父亲平静下来："我的不懂规矩的女儿，就拜托给你了，请千万多关照!"孙中山感到很震惊，宋庆龄也向父亲解释，这一切均出自自己的本心，应为他们祝福而不是发怒，无奈的父亲只好默许。

中国儿童最尊敬的祖母

"我的一生是同少年儿童工作联系在一起的。"虽然宋庆龄自己没有孩子，但她把自己伟大的母爱奉献给了全国的儿童和少年。她一生都在为儿童福利和教育作贡献。

抗战时期，宋庆龄向国内外各界呼吁："保存未来，救救战灾儿童。"新中国成立后，工作的重心从救济转向教育、抚育儿童少年成长，宋庆龄提出著名的"缔造未来"思想。

宋庆龄一直认为"儿童是人类的至宝"，"儿童是这个世界今天的宝贝，明天的主人"，"儿童工作是缔造未来的工作，因为未来是属于新一代的"。她说："要有强健的民族，先从母亲及儿童福利着手。"宋庆龄把一生的心血都倾注给了广大青少年儿童。

在生命最后时刻，因病重不能参加六一国际儿童节活动的宋庆龄，仍然坚持给孩子们写信，信中她祝贺道："我关怀热爱你们的心，和你们一起跳动。"她最后留下的一篇文章《愿小树苗健康成长》，也是关于孩子的。

宋庆龄希望孩子们"和小树苗一同成长，成长得挺拔、旺盛，成长为栋梁之材，成长为社会主义现代化建设事业的坚强接班人，为创造更高的物质文明和精神文明做出超过前人的巨大贡献"。宋庆龄的心中永远装着孩子、装着人民，她成为中国少年儿童最尊敬的祖母。

智慧感悟

　　从起心动念开始，逐步培养我们的善心和慈悲。一切都是自己创造的，用善心对待世界便得幸福，用恶心对待世界便得痛苦。

第十六章

儒学圣人——孔子

学而时习之，不亦说乎？有朋自远方来，不亦乐乎？人不知而不愠，不亦君子乎？

——孔子

提到传统文化，不得不提孔子。孔子开创的儒家文化，是中华传统文化的主干，影响了世世代代的中国人。在国际上，孔子也享有很高声誉，他被公认为世界十大文化名人之一，以他的名字命名的"孔子学院"如今已经遍布世界各地。孔子已经成为中华文明的形象代言人。

人无孝不立

孔子的思想中，孝是最明显的一个主题。他要求年轻人首先要做到孝，然后才能谈人生志向和美德。那他自己又做得如何呢？孔子3岁时，父亲叔梁纥就去世了，母亲颜征年轻守寡，将所有的精力都放在了抚养和教导孔子上。为了养育孔子，颜征吃了很多苦，在孔子十六七岁时她去世了，当时的年纪也不到40岁。孔子因为自己没有机会好好地孝顺父母，因而一提到孝的话题就非常痛心。于是便告诫弟子，一定要记住父母的生日、年岁。"父母之年，不可不知也，一则以喜，一则以惧。"

孔子的弟子宰予问孔子："听说父母去世了，要给他们服三年丧（古代的礼制），是不是啊？可是我觉得旧的不去、新的不来，干吗要那么长时间呢？一年也就够了。"孔子说："父母去世不到三年，你便吃白米饭，穿锦缎衣，你心里安不安呢？"宰予说："能心安。"

孔子气得脸色发白，说："你要觉得那样做心安，你就去做吧！一个有德行的人守孝期间，心里念念不忘的都是父母，吃美味也不觉得爽口，听音乐也感觉不到快乐，所以才不那样做。你既然心安理得，就去那样做好了。"

宰予退出去后，孔子对大家说："宰予说了些什么话！小孩子生下来后，爸爸妈妈要在怀里抱他三年，然后才能脱离怀抱。所以，子女要为父母守孝三年，宰予难道没有得到过父母的爱抚吗？"

孔子对孝心总是不遗余力地倡导，直到今天，《论语》中"孝人"的理念仍然是我们应该好好学习和领悟的。

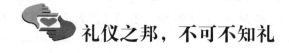

礼仪之邦，不可不知礼

我国被称为礼仪之邦，这应该归功于孔子对礼的赞颂。

古代人很讲求礼仪，而"礼"起源于祭祀，据《左传》记载，在周公的主持下，礼逐渐系统化了。礼所维护的仁义是道德的一部分，但礼又不是完全意义上的道德，它是一套维护道德原则的法律。礼对人们应该做和不应该做的事情有很明确的规定，它具有强制性，一旦违反了"礼"，就会有相应的部门去处置。

孔子很赞赏礼制的方式，他自己也处处遵守礼法，即便是和学生相处的时候也不例外。有一次，他的学生病了，孔子就去看望他。学生为了表达自己的感激之情，就将他的病床挪了挪朝向。但是按照礼制，只有见到最尊贵的人才能挪向学生的那种方位，孔子不敢接受这样的礼仪，就站在窗户外面和病人说话。还有一次，孔子看到一个贵族家饮酒作乐，跳舞的规模可以和天子媲美了，他气得大叫："八佾舞于庭，是可忍也，孰不可忍也！"

孔子主张"导之以德，齐之以礼"，就是说要用道德去引导，用礼仪来约束。孔子还要人们"非礼勿视，非礼勿言，非礼勿听，非礼勿动"，可见礼已经渗透了人们言行的各个方面。

正如孔子所说，有的人做事情很小心，如果心中没有礼的原则，不知道自己的行为有多大的道德空间，过分小心就会变得畏首畏尾；有的人虽然有勇气、有冲劲，但属于头脑发热型的，没有礼来指导自己，很容易将事情搞砸。礼是表现内心道德的一种方式，如果一个人不知道礼，那么他的道德也就不值得一说了，做的事情也就不符合德的要求。

我不是一个老夫子

很多人都以为孔子是一个不苟言笑的老夫子，这其实是读《论语》不用心的人的说法。在《论语》中，孔子有很多有趣的小故事，处处透露着孔子为人的幽默和豁达。

孔子周游列国，在政治上始终不得志。有一次，子贡问孔子："这儿有一块宝玉，在盒子里装着出卖，是不是待高价卖出呢？"孔子听了后就迫不及待地说："卖，当然卖，我就正等着高价卖出呢！"孔子说完后，众人都开怀大笑。显然，孔子说的是一句玩笑话，怀才不遇，多少人悲悲戚戚、哭哭啼啼，但孔子只是笑着说："我也想把自己卖个好价钱呢！"

孔子在这里的幽默是一种豁达，他虽在政治上不得志，但还能全身心地投入到传授知识上。正是这份豁达让历史上少了一个默默无闻、郁郁不得志的政客，多了一位伟大的思想家、教育家。

孔子有意向子路问了一个问题，子路回答不好，孔子严厉地教育了他。子路走后，子贡过来，孔子用同一个问题发问，子贡回答得尚可，但未领会真谛，孔子也严厉地教育了他。子贡走后，颜渊过来，孔子又问同一问题,颜渊的回答意趣高远,"孔子欣然而笑曰:'有是哉?颜氏之子!使尔多财,吾为尔宰'"。真是这样吗?你这个颜家的后生!假使你有很多财产,我就做你的总管。谁会想到孔子会开这样的玩笑?绝对叫人惊讶。孔子在比自己小30岁的颜渊面前平易、和蔼、可亲、风趣,完全把颜渊当成了忘年交的密友,令人十分感动。

孔子也很懂得自嘲。有一次,孔子由宋国到郑国去,与弟子们走失,一个人站在郑国城东门。子贡焦急地寻找,一个郑国人告诉子贡,城东门有一个人,额头像尧,后颈像皋陶,肩膀像子产,可是腰以下比禹短三寸,狼狈得像丧家狗。子贡找到孔子后如实相告,"孔子欣然笑曰:'形状,未也。而谓似丧家之狗,然哉!然哉'。"外在形状如何,那是不重要的;要说我像丧家狗,可真是啊!可真是啊!孔子超然的达观,让我们不得不佩服。

智慧感悟

我们大多都只是熟悉孔子的名言,但是其中的道理,恐怕我们要用一生来慢慢领会。

第十七章

伟大的革命友谊——马克思与恩格斯

真诚的、十分理智的友谊是人生的无价之宝。你能否对你的朋友守信，永远做一个无愧于他的人，这就是对于你的灵魂、性格、心理以至道德的最好的考验。

——马克思

我们熟悉的马克思，总是带有"伟大的革命导师"的头衔，还有恩格斯这样一个谱写了"伟大的革命友谊"的好朋友。马克思成为一种精神和信仰的代名词，而他作为一个普通人的喜怒和对错都被人们渐渐淡忘了。其实属于马克思的不仅是"20世纪最有影响力的人物之一"这样的定义，值得一说的还有他少年时代的理想、与朋友之间的分合，以及他作为一个普通人对生活的热爱和对理想的奋斗。

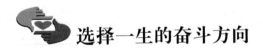 选择一生的奋斗方向

17岁时，马克思中学毕业，他写下了一篇文章，名为《青年在职业选择时的考虑》。文章的最后一句说："我们的事业是默默的，但她将永恒地存在，并发挥作用。面对我们的骨灰，高尚的人们将洒下热泪。"这篇文章距今已经过去100多年了，正如少年马克思当时所想的，他的事业至今仍在发挥作用，并将永恒地存在。面对马克思的骨灰，所有高尚的人都会洒下热泪，他一生都在为了建设一个更加美好

和温暖的社会而奋斗。

1818年5月5日，马克思诞生于德国莱茵省特利尔城的一个律师家庭，父亲出色的职业能力和母亲无微不至的关爱，使马克思拥有了一个幸福的童年。马克思小时候不仅熟练地掌握了母语德文，还精通拉丁文、希腊文、法文、英文和意大利文。

读中学的时候，他的成绩就非常优秀，这当然不仅是因为他天资聪颖，更因为他好学。马克思喜爱读书，他可以整日闭门不出，废寝忘食地看书、思考。17岁中学毕业时，他写下《青年在选择职业时的考虑》一文，这是他在考虑自己应该选择什么样的职业时的所思所感。"所选择的职业是不是真正使我们受到鼓舞？我们的内心是不是同意？我们受到的鼓舞是不是一种迷误？我们认为是神的召唤的东西是不是一种自欺？但是，不找出鼓舞的来源本身，我们怎么能认清这些呢？"经过慎重思考，他选择了最能为人类幸福而劳动的职业——为人类而思考、献身，并且相信，从事这样的职业"感到的就不是可怜的、有限的、自私的乐趣，我们的幸福将属于千百万人"。

17岁立下的志愿，马克思从来没有忘记，他勤于阅读和实践，并将自己的想法酝酿成成熟的理论。伦敦的大英博物馆图书阅览室里，至今保留着一个当年马克思每天去看书的"专座"，在专座的地毯上，留有明显的两个脚印，那是马克思研究大量文献和珍贵资料的历史见证。

没有人天生就是思想者，绝大部分人都是随着生活的脚步而成熟的。我们常在生活中产生种种奇思妙想，但生活本身很少改变，而有远大志向又能积极行动的马克思，从少年时代起，就在掌控自己的生活。

真正无私的友谊

　　26 岁时马克思认识了恩格斯，他们之间的友谊从此开始。但是两个人之间并不总是谈论天下大事、和和睦睦的，他们之间也发生过误会和矛盾。

　　由于政治原因，马克思长期流亡，常常靠典当生活，有时连买邮票的钱都没有，恩格斯这时总是发挥"一心为人，毫不利己"的助人为乐精神，常常给马克思寄钱。

　　1863 年的一天，恩格斯以十分悲痛的心情写信告诉马克思，说自己的妻子玛丽病逝了。不久恩格斯收到回信，里面没有他盼望的温暖的安慰，马克思在回信中对恩格斯的悲伤只用了一句平淡的话带过，然后就大写自己处境艰难。他像是一个被魔鬼纠缠住的人，痛苦地向恩格斯求救。极度悲痛中的恩格斯，看到好友对自己的妻子去世似乎毫不在意，非常失望。

　　此前，这两位挚友之间常常隔一两天就会通信，但是这次恩格斯 5 天之后才给马克思复信，并坦言觉得马克思太冷漠，只关心自己。意识到自己的错误后，马克思马上写信给恩格斯，请求朋友的宽恕。

　　"给你写那封信是个大错误，信一发出我就后悔了。然而，这绝不是出于冷酷无情。我的妻子和孩子们都可以作证，我收到你的那封信（清晨寄到的）时极其震惊，就像我最亲近的一个人去世一样。而到晚上给你写信的时候，则是处于完全绝望的状态之中。在我家里待着房东打发来的评价员，收到了肉商的拒付期票，家里没有煤和食品，小燕妮卧病在床……"马克思已经困窘不堪了。

　　收到这封回信，恩格斯的怒气也消了。他理解朋友的处境，很快他就回信表示原谅了马克思，随信还寄去 100 英镑。如果没有恩格斯的大力支持，马克思的研究之路会走得更加艰难。马克思在思想上是个巨人，在生活中却是一个坦诚且需要帮助的普通人。恩格斯以完全包容的心态接纳了马克思，他们不仅谱写了理想社会的伟大蓝图，也用行动书写了人类最伟大的感情之一——友谊。

智慧感悟

　　恩格斯对马克思不遗余力地支持和帮助，可以看作马克思伟大的一种证明。一个人如果拥有一个高尚的朋友，那么这个人无疑也是高尚的；一个人如果可以付出无私的友情，同样他也是高尚的。

第十八章

澄心浩然生死间——苏轼

日啖荔枝三百颗，不辞长作岭南人。

——苏轼

林语堂对苏轼的概括最为全面："像苏东坡这样的人物，是世间不可无一难能有二的，我们可以说，他是诗人、画家，是散文家、书法家，是乐天派，是道德家，是百姓的好朋友……可是这些都还不足以描绘他的全貌，苏东坡的人品，具有一个天才所具有的深厚和广博，苏东坡像一阵清风一样度过了一生，虽饱经忧患，却始终不失其赤子之心。"像苏轼这样豁达、多才的文人，可能真的只有中国的诗书当中有，世界再难找到第二了。

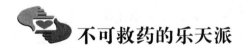 **不可救药的乐天派**

"心如已灰之木，身如不系之舟，试问平生功业，黄州惠州儋州。"黑色幽默的口吻，却道尽了苏东坡坎坷的一生。

苏轼，字子瞻，号东坡居士，四川眉山人，与其父苏洵、其弟苏辙并称为"三苏"，并列于"唐宋八大家"中。苏轼曾经少年得志，与弟弟苏辙同榜中进士，获得主考官欧阳修的称赞，也得到当朝皇帝的赏识。但进入仕途后，由于卷入新旧党争的激烈旋涡中，他的一生就再也没有平静过。他是中国士大夫文人中遭贬低最多的一个。

苏东坡先是被朝中小人构陷，由知州突然被逮捕入狱，成了阶下囚。出狱后贬官黄州，官职卑微，薪水很少。以后辗转数处，都不得意。6年后，旧党上台，他突然奉诏进京，在短短的20多天内，居然连升数级，差一点儿就要拜相了。然而等到哲宗亲政后，又将他贬到广东的惠州、海南岛的儋州，苏东坡60余岁时过着"食无肉，病无药，居无室，出无友，冬无炭，夏无寒泉""日啖薯芋"的贫穷生活，幼子夭亡，最理解体贴他的侍妾也病死了。在儋州，他度过了他生命的最后几年，直到66岁时遇赦北归，却死在路途中。在死后的70年里，他不断获得赐封殊荣，谥曰"文忠"，又特赠太师。

综观苏轼的一生，可以说是历尽艰辛、大起大落的一生。然而他的一生又始终是乐观的一生、积极进取的一生，是面对现实的一生，也是超脱现实的一生。

在惠州，他自宽自解道："罗浮山下四时春，卢橘杨梅次第新。日啖荔枝三百颗，不辞长作岭南人。"他还说譬如自己本就是当地的一个秀才，如果屡试不中，那不也就要在这穷乡僻壤过一生吗？

被贬谪到海南岛上，这是当时人们心目中最远的"天涯海角"，亲友们都担心他年迈难得生还，他却唱道："枝上柳绵吹又少，天涯何处无芳草！"

"胜固欣然，败亦可喜，优哉游哉，聊复尔耳。"苏轼视人生如棋局。荣辱、得失，又何必计较？身处逆境之中，既保持一种超然物外、随遇而安的达观胸怀，又始终不放弃对人生的热爱，对美好事物追求的态度，这就是苏轼的人格魅力所在。千百年来，苏轼正是以这种旷达洒脱影响着后人，吸引了无数中国文人，使他们在失意的时候能够不厌世、不愤世，面对人生挫折仍不失乐观、平静的心态。

历史上独特的人文景观

说他才华横溢，一点儿都不为过，历史上，能像他这样在诗词、散文、书法、绘画、史学、文论、医药、饮食等各方面都卓有建树的人，环视华夏史海极为少见。

苏轼的文学成就极高，他的诗、词和散文至今都是我国古代文学宝库中最珍贵的财富。

他的诗与黄庭坚并称"苏黄"，代表了宋诗的典型风貌与最高成就；他的词与辛弃疾并称"苏辛"，开创了中国词坛豪放派的先河；他的散文与欧阳修并称"欧苏"，是"唐宋八大家"中散文最优美动人、自然流畅的。

他的作品中既有描绘自然景致的"水光潋滟晴方好"，又有心灵抒发的"但愿人长久，千里共婵娟"；既有哀婉凄凉的"春色三分，二分尘土，一分流水，细看来，不是杨花，点点是离人泪"，又有波澜壮阔的"大江东去，浪淘尽，千古风流人物"。他的作品中不仅有他对社会、人生的独特理解，对江山、胜景的欣赏，还有对生活情趣的品味，而这对我们青少年来说也是一种极大的美感享受，同时又能得到思想哲理的启迪与文学修养的教益。

他不仅在文学上造诣深厚，在书法、绘画上也表现不凡。虽然没有受过系统的绘画训练，但凭借着厚实的书法功力，竟能"闭门造车，出门合辙"。而这无不与其心境、才情有着密不可分的关系。

在书法上，苏轼在《论书》中表达了他的观点："书必有神、气、骨、肉、血，五者阙一，不成为书也。"这种对书法的与众不同的审美意识非常深刻而且形象。

苏轼将书法与绘画、诗词构成了一个统一的整体，其书境、画境、诗境无不体现着他的人格及心境。

这就是中国历史上独特的人文景观——苏轼。

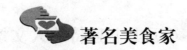 著名美食家

苏轼很懂得生活情趣，文娱生活丰富多彩自不必说，就连一些生活中的琐事也处理得井井有条，他对管家理财、烹饪饮食、医药保健、养花养鱼等都颇有研究。

在被贬到黄州时，苏轼的薪水很少，他担心入不敷出，于是就将月俸分为30串挂在屋梁上，每天用叉子取一串下来作为日用，若有节余，便用一竹筒贮存起来，以做待客的特支。

还有一点不得不提，那就是他还是一个著名的美食家！

什么煎茶酿酒、佳肴烹制、粗粮细作等都难不倒苏轼。他发明的"东坡肉""东坡肘子""东坡羹""东坡饼"至今还保留在中国传统的菜谱里。

管中窥豹，可见一斑。这些小事，尤其是生活上的小细节，足以表现出一代大文豪对人生的独特领悟，也表现了他所具有的真实性情。

苏轼以他的魅力赢得了当时和后世人们对他的深深喜爱。

 智慧感悟

被贬到海南，却想着自己能吃到荔枝了。人生总会遇到不如意，换一种心态也就是换一种生活方式，从而会看到另一种风景。

第十九章

伟大的戏剧天才——莎士比亚

人们可支配自己的命运，若我们受制于人，那错不在命运，而在我们自己。

——莎士比亚

在世界历史上，能因某个人命名的纪念日并不多，但每年 4 月 23 日，也就是莎士比亚的辞世纪念日，被联合国教科文组织定为"世界读书日"。在我国，莎士比亚总是与文学联系在一起，虽然他是以戏剧闻名世界的。莎士比亚被称为"英国戏剧之父"，本·琼斯称他为"时代的灵魂"，马克思称他为"人类最伟大的天才"之一。他的代表作有四大悲剧《哈姆雷特》《奥赛罗》《李尔王》《麦克白》，喜剧《威尼斯商人》等和 100 多首十四行诗。

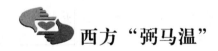

西方"弼马温"

莎士比亚出生的斯特拉福镇如今已是英国著名的景点了，常年上演他的剧目，游人如织。这或许是莎士比亚没有想到的，他甚至担心自己会被掘墓，于是在墓志铭上写道："看在上帝的面上，请不要动我的坟墓，妄动者将遭到诅咒，保护者将受到祝福。"

莎士比亚的父亲是个商人，在他 4 岁时，父亲被选为市政厅首脑，成了镇长。镇上经常有剧团来巡回演出，莎士比亚很喜欢看戏，在观看演出时他惊奇地发现，简单的布景，小小的舞台，有了台词之后，就可以变成森林、皇宫甚至是异国他乡。戏剧对年幼的他来说太神奇了，从此，他深深地喜欢上了戏剧。

和伙伴们做游戏的时候，他常常学着剧中的人物和情节演起戏来。玩耍的时候，莎士比亚就想着长大后要从事与剧本相关的工作。但他的人生并不顺利，由于父亲经商失利，14岁的莎士比亚只好离开学校，给父亲当助手。

1586年，22岁的莎士比亚随着一个戏班子步行到了伦敦，此时他已经是3个孩子的父亲了，但他心里还装着少年时看到的那个小舞台。他在伦敦找到一份为剧院骑马的观众照看马的差事，很巧的是，我们的"齐天大圣"孙悟空也是从管马的"弼马温"开始的。

看马虽然是个打杂的工作，但毕竟跟戏剧离得近了一些。和孙悟空不一样的是，莎士比亚对这份差事很上心，骑马来的观众都放心将马交给他。由于顾客太多忙不过来，莎士比亚只得找一批孩子们来帮忙，他们被叫作"莎士比亚的孩子们"。

莎士比亚聪明伶俐，又能说会道。工作之余，他便悄悄地看舞台上的演出，辍学的莎士比亚还坚持自学文学、历史、哲学，并且自修了希腊文和拉丁文。每当剧团需要临时演员时，他不分角色大小一律积极"试镜"，再加上他的才华，终于赢得了演一些配角的机会。精湛的演技和深刻的理解，使他不久就被剧团吸收为正式员工了。

恰好那时候，伦敦的剧团对剧本的需要非常迫切。因为一个戏的"票房"如果不好，就要马上换新的。而莎士比亚平时也很注意积累，于是决定创作剧本。莎士比亚27岁那年，写了历史剧《亨利六世》三部曲，这是当时最成功的历史剧，莎士比亚一炮走红，逐渐在伦敦戏剧界有了立足之地。

当人们谈起他的时候，都只想到他的伟大，哪还有人记得他曾是剧院的"弼马温"呢？

大师的心胸——悲喜总关民

　　莎士比亚一生共写了 37 部戏剧，另外和弗莱彻合写了一部《两位贵亲》，他还写有 2 首长诗和 154 首十四行诗。他的作品被译成多国文字，成为全世界都接纳的语言，"一千个人心中有一千个哈姆雷特"成为我们常说的话，可见莎士比亚的魅力和影响力。

　　了解莎士比亚的众多戏剧，需要一段较长的时间。我们可以将他的作品分成三个时期来解读，就会发现人们之所以赞颂他，是有深层次道理的。

　　莎士比亚的戏剧多取材于历史故事、小说、民间传说等已有的材料，由于一方面广泛借鉴古代戏剧中的经典，一方面又深刻观察人生、了解社会，莎士比亚笔下的人物形象总是栩栩如生、五光十色。社会生活中的种种故事都被他用诙谐或者哲理式的语言描绘得淋漓尽致。

　　他创作的第一个时期，一般划分的时间段是 1590—1600 年，以写作历史剧、喜剧为主。他的历史剧大多上下衔接，概括了英国历史上百余年间的动乱，围绕君主塑造了一系列正面、反面形象。莎士比亚谴责暴君暴政，这种大胆的想法与当时的社会是分不开的。当时正是伊丽莎白女王统治的鼎盛时期，王权稳固统一，经济繁荣。莎士比亚对生活充满了信心，他的作品洋溢着乐观明朗的色彩。

　　第二个时期是从 1601—1607 年，这一段时期以悲剧为主。当时正是伊丽莎白女王一世与詹姆士一世政权交替的时期，英国社会矛盾尖锐。这一时期，莎士比亚的思想和艺术走向成熟，他感到理想难以实现，热情的赞美变成了批判。《哈姆雷特》《奥赛罗》《李尔王》《麦克白》这四大悲剧就是在这一时期产生的。

　　1608 年以后，莎士比亚的创作进入最后一个阶段。已经过了而立之年的莎士比亚，看到理想在现实社会中是无法实现的，便从写悲剧转而为写传奇剧，进入自己的梦幻世界。他这一时期的作品往往通过神话式的幻想，借助超自然的力量来解决理想与现实之间的矛盾。没有青年人的欢乐，也没有青年人的阴郁，而是充满美丽的生活幻想和浓郁的浪漫情调。这一时期的《暴风雨》，被称为"用诗歌写的遗嘱"。

在莎士比亚眼中，戏剧"仿佛要给自然照一下镜子，给德行看一看自己的面貌，给荒唐看一看自己的姿态，给时代和社会看一看自己的形象和印记"。莎士比亚无论是在文学上还是在思想上，都是英国历史上的一座丰碑。

智慧感悟

抱怨世界不公平的人，往往没有看到自己的机会和能力。从自己身上找原因才是明智的。

第二十章

永恒的中华魂——鲁迅

愿中国青年都摆脱冷气，只是向上走，不必听自暴自弃者的话。

——鲁迅

浓眉大眼，目光中透有几分沉重和严厉；上嘴唇上有浓密的胡须，头发整齐地竖着，沧桑而冷峻；脸形方正，表情不多；一身青布衫。这是鲁迅留给后人的印象。鲁迅是中国文化革命的主将，他不但是伟大的文学家，而且是伟大的思想家和伟大的革命家。他曾代表了中华民族新文化的方向，点燃了无数有志青年奋起救国的雄心。毛泽东曾说："如果说孔子是中国古代文化中的圣人，那么鲁迅就是中国近代文化中的圣人。"

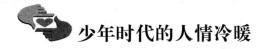 **少年时代的人情冷暖**

1881 年，俄罗斯伟大的作家陀思妥耶夫斯基逝世了，在这一年，西班牙画家毕加索和中国的鲁迅出生了。他们三个人都不同程度地震撼着同胞们的灵魂，逝去的陀思妥耶夫斯基，是用博爱的宗教情怀和斯拉夫民族的真情；而毕加索和鲁迅，都是用新的方式改变人们的生活。

鲁迅出生在浙江绍兴一个官僚地主的家庭里，在他 13 岁那年，祖父受到政府的惩罚，他们一家只好躲到乡下避难。这时父亲长期患病，家境逐渐破败。家庭的变故让鲁迅从一个受人怜爱的小少爷变成了目光中有失望和愤怒的少年。原来，别人看到他时话语里都包含着亲切，眼光里流露着温存，但当他家家道中落后周围人的态度就都变了，大家不爱理他，言语也少了。

"有谁从小康人家而坠入困顿的嘛，我以为在这路途中，大概可以看见世人的真面目。"多年之后，鲁迅仍然在自序中写下这样的肺腑之言。

到了乡下之后，他结交了新朋友。其中就有如少年闰土那样的单纯小孩。他们一起玩耍，一起划船去看戏，一起吃地里偷来的豆子。这段快乐的回忆，成为鲁迅久久不能忘怀的珍宝。

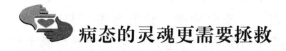

病态的灵魂更需要拯救

1898 年，18 岁的鲁迅怀揣着母亲四处筹措到的 8 块银元，离开家乡到外地求学。他阅读了一些外国文学和社会科学方面的著作，其中有严复翻译的英国人赫胥黎著的《天演论》，使他认识到现实世界并不是和谐完美的，而是充满了激烈的竞争。要生存，就要学会发展和独立，这样的思想，也成为他日后坚持民族独立自主的根源。

中学毕业时的优异成绩，为他赢得了官费留学的机会。21 岁那一年，鲁迅东渡日本，先是补习了日语，后来进入仙台医学专门学校。本来，学医是因为他希望研究父亲病逝的原因，以避免更多的人失去生命。他也积极地学习医学，取得了不错的成绩。但是当时的中国人在日本的地位不高，就算取得了很好的成绩，照样不被人认可。

有一次，他的解剖学得了 59 分，这是个很高的分数了，没想到同学们怀疑老师向他露题了。这是身为弱国子民的悲哀。

在观看一部日俄战争幻影片的时候，鲁迅看到国人麻木的模样时，受到了很深的触动。原来，还有比身体病痛更加可怕的东西，就是精神上的麻木！要改变中华民族的悲剧命运，首先就要改变国人的精神，而文学和艺术，正是精神的结晶。

　　于是，鲁迅弃医从文，回到东京翻译外国文学作品，筹办文学杂志，发表文章，探讨怎样才是理想的人性、中国国民性的病根何在等问题。不过，鲁迅的思想和感情不被当时大多数人理解，他翻译的外国小说只能卖出几十册。为了谋生，鲁迅不得不回国谋职，开始当教员。辛亥革命之后，袁世凯称帝、张勋复辟，鲁迅感到极其苦闷。"不在沉默中爆发，就在沉默中灭亡。"五四运动成为他爆发的导火线，从此之后，他的思想变成锋芒的文字，开始投向那些麻木的灵魂。

智慧感悟

　　少年时代感受到的人情冷暖，让鲁迅明白了思想上的健康比身体上的健康更加需要关注。他的一生都在批评国民的病态精神，希望通过自己的呐喊唤醒民族的自救意识。如今中国人已经摆脱了奴役，但是否真的摆脱"冷气"了呢？我们青少年是否可以像鲁迅前辈希望的那样，不顾那些自暴自弃者的话，一心一意地往前走呢？

第二十一章

20 世纪中国的良心——巴金

我的生活目标，无一不是在帮助人，使每个人都得着春天，每颗心都得着光明，每个人的生活都得着幸福，每个人的发展都得着自由。

——巴金

他的作品里边没有残酷的杀戮，没有血腥，只有浓浓的真情和对美好生活的向往。他始终坚信世间的爱，爱在他的文字里流淌。因为他就是这样一个人，无论生活中或是文字间，他一生都在为"爱"而奋斗，同时，他和所有文人一样，有着爱书和追求完美的秉性，所以哪怕食不果腹也要买书，哪怕作品一致受到好评也力求完美。他就是巴金。

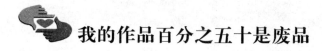 **我的作品百分之五十是废品**

1904 年，巴金出生于四川，原名李尧棠，他是我国五四新文化运动以来最有影响的作家之一，堪称中国现代文坛的巨匠。但就是这样一位文坛泰斗，为人类献上了一笔巨大财富——洋洋 700 万字的 26 卷《巴金全集》后，竟还说其中有一半是废品，颇耐人寻味。

20 世纪 80 年代中后期，人民文学出版社打算出版《巴金全集》，但巴金本人并不同意。编辑专门到上海做说服工作，看到编辑如此热情和坚定，一年后，巴金才同意出版。人们一直纳闷他为什么不同意出版，巴金说："我的作品百分之五十不合格，是废品。"

巴金不但对要出版的作品"严格把关"，就连已出版的，在读者中广为流传并且很受欢迎的"爱情三部曲"也颇有"意见"。他认为那不是成功之作，里边讲过不少夸张的话，甚至有些装腔作势。尤其后来重读小说中某些篇章，他的心都不能平静。

尤其是《火》，巴金称它为失败之作，不是百分之五十的废品，是百分之百的不顺眼。所以，在编选《巴金选集》时，他没有把它收进去。他说："生活不够，感受不深，只好避实就虚，因此写出了肤浅的作品。"而对写作态度，他更是对自己做了无情的批评："我做文章一贯信笔写去，不是想好才写。我没有计划、没有蓝图，想到哪里就写到哪里。所以，我不是艺术家，也不是文学家，更不是什么大师。我只是用笔做武器，靠作品生活，在作品中进行战斗。我经常战败，倒下去，又爬起来，继续战斗。"

有人觉得巴金这样做太苛刻，有些人更会觉得他矫情，等到大红大紫说出这样的话以显得自己很谦虚，但不管怎样，巴金是真诚的、明智的、严谨的，当然，也只有这样的人才会进步，最后才有资格站在高处审视和评判过去。

 嗜书如命

科洛廖夫曾说："人离开了书，如同离开空气一样不能生活。"巴金爱书在文化圈内早已出了名。在他偌大的寓所内，到处是书，汽车库、储藏室、阁楼上、楼道口、阳台前、厕所间、客厅里、卧房内。

巴金一生都爱书，他的胞弟李济生后来回忆说："说到他最喜爱的东西，还是书。这一兴趣从小到老没有变。在法国过着穷学生的清苦生活时，省吃俭用余下来的钱，就是买自己喜爱的书。有了稿费收入，个人生活不愁，自然更要买书。"

1949 年，上海解放前夕，巴金一家生活拮据得只剩 57 块银元。巴

金的妻子萧珊就去菜场买回廉价的小黄鱼和青菜，用盐腌起来，然后晾干，每天取出一点来维持生活。

一天傍晚，楼道传来巴金沉重的脚步，萧珊迎上去，只见他提着两大包刚买的书，气喘喘的。萧珊问道："又买书了？""嗯，当然要买书了。"巴金回答道。一向十分尊重丈夫的萧珊最后实在不能忍受，就说道："家里已经没有什么钱了。"巴金问也不问家里到底还有多少钱，日子还能不能过下去，反而说道："钱，就是用来买书的。都不买书，写书人怎么活？"

除了创作以外，买书、藏书成为巴金一生中最为重要的事，晚年，他先将所有藏书整理一遍，然后分门别类地捐赠有关单位。巴金不仅著有大量作品，同时，他的藏书也成为宝贵的财富，留传后世。

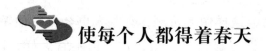

使每个人都得着春天

"我的生活目标，无一不是在帮助人，使每个人都得着春天，每颗心都得着光明，每个人的生活都得着幸福，每个人的发展都得着自由。"这是巴金毕生所追求的最崇高的事业，他始终珍藏这一美好愿望，用仁爱、忠诚、正义、自律，诠释了自己的一生。

"要好好地做人，对人要真实，不管别人待你怎样，自己总不要走错脚步。"从小巴金就受到老师这样的教育，除老师外，仁爱的母亲对他的一生也产生了重大的影响，从母亲身上他懂得了爱和宽容的真谛。巴金把爱反映在自己的作品中，在许多文章中人们都可以读到他火一样的文字："我们的生活信条应该是：忠实地行为，热烈地爱人民，帮助那需要爱的。"

巴金不但把爱写进文字里，同时也很好地融入生活中。他会像一位知心的朋友那样给他的读者回信，用真挚的情感告诉他们每一个细节，哪怕有病在身，他也从不怠慢，而是坚持回复，因为他不想让可爱的孩子们失望。正如他所说："我只是一个普通人，我写作不是我有才华，而是我有感情，对我的祖国和同胞有无限的爱。"

当年，文学翻译家马宗融刚回国到成都，妻子就死于难产，留下两个小孩，最大的孩子马小弥才三四岁，而马宗融由于工作的关系不得不离开，两个孩子又不能同往。巴金得知这一消息后主动承担起照顾两个孩子的责任，并把这两个孩子送到北京读书，悉心教导。后来，这两个孩子都成了北京外国语学院的教授。

爱是永远不会过时的，只有心怀着爱才能美好地生活在这个世界上，帮助别人的同时也温暖自己。巴金说："我们每个人要有更多的爱，我们必须为别人花费它们，这样我们的生命才会开花。"巴金做到了，他用他的爱、他的作品温暖了所有人。

智慧感悟

巴金不仅是位著名作家，他的一生也像一本书一样让人百读不厌。

第二十二章

文坛侠圣——金庸

为国为民，侠之大者。

——金庸

有人的地方就有江湖，有华人的地方就有金庸的小说。金庸为华人创造了一个虚拟的江湖世界，里面有武林帮派、盖世绝学、恩怨情仇、英雄儿女。金庸的作品一而再、再而三地被搬上荧幕，从小耳濡目染的人，以为历史上真的存在这样的江湖。

英国人心中有不同的哈姆雷特，中国人心中有不同的郭靖、黄蓉，金庸的作品已经远远超出了小说的范畴，而是点燃了每个人的"大侠情结"——路见不平拔刀相助。金庸给我们的心灵创造了一个正义、美好的江湖。

 **少年游侠**

金庸笔下有很多性格豪爽的大侠，比如乔峰。当乔峰遇到自己的亲生父亲之时，他们同时亮出胸口的苍狼文身，仰天长笑，其声壮哉！金庸自己也是一个性情中人。

在读中学时，金庸写板报讽刺学校的训导主任，训导主任知道后执意要开除他，校长将他推荐到徐州中学去念书，他就这样被开除了。用金庸的话说："一个人一生被开除一次不容易，两次就更难了。"读大学时，根据当时的规定，学生见到校长时要马上起立、立正，脚还要碰得有声，表示对校长的敬意。但是这一套在金庸看来像法西斯的做法，他拒绝这样做，而校方坚持要他依律而行，金庸"安能摧眉折腰事权贵"？结果他又被开除了。

金庸这种耿直的性格，与他所敬佩的人也有关系。金庸的家族在江南曾是名门望族，在清康熙年间，查家是"一门七进士，叔侄两翰林"。而金庸最敬佩他的祖父查沧珊。

光绪十七年，有人在江苏丹阳县的教会墓地发现70多具儿童的尸体，且教会的育婴堂没有一个活婴。这件事让当地人非常震怒，他们组织起来将教堂焚毁，举行了一场"反洋教"运动。清政府官员竟然站在反动教会的一边，派人镇压群众。

金庸的祖父查沧珊在江苏丹阳任知县时，因为对此事镇压不力被官府革职。金庸对此事非常自豪，他在小说《连城诀》的后记中说："我祖父查沧珊公然反对外国帝国主义者的无理压迫，不肯为了自己的官位利禄而杀害百姓，他伟大的人格令我们故乡、整个家族都引以为荣。"

正是因为这样的家族影响，金庸成为一个耿直的人，而他笔下真正的大侠也总是为民除害、伸张正义的。

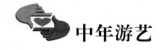 中年游艺

我们知道金庸是一个成功的作家，但是他并不是一个埋首书斋不问世事的书生，而是一个凭借自己的思想"游艺"于政治、新闻、影视领域的积极分子。金庸凭借自己的"一支神笔"进入《大公报》做编辑和英语翻译。1948年，《大公报》香港版复刊，金庸南下到了香港。

新中国成立不久，热心时事的金庸曾带着外交家的梦想来到北京，但最终仍选择回到香港，开始了武侠小说的创作。在香港工作时，金

庸与武侠小说家梁羽生一个办公桌，一起立下了武侠小说之盟。一开始他用过"姚馥兰"（YourFriend 音译）、林欢等笔名，后来决定把自己名字的"镛"字拆开，成为"金庸"，这是他最知名的笔名。

从 1955 年开始，他创作了自己的第一部小说《书剑恩仇录》，在《大公报》与梁羽生、百剑堂主（陈凡）开设《三剑楼随笔》，成为专栏作家。他还在电影公司当过专职编剧，后来与同学合资创办了《明报》，任主编兼社长达 35 年之久。

在金庸任掌门人时，《明报》在香港的地位相当于《泰晤士报》在英国的地位。尽管没有成为外交官，但他对时政的热情没有减退，并且多次对时局发表预测，其准确性是其他报纸不能比拟的。

金庸曾多次说："我这一辈子最佩服的人是邓小平。"在邓小平"落难"之时，金庸就在《明报》的多篇社评中表达了对邓小平的才华和风骨的敬佩之情，并且预言"邓小平一定会复出"。1981 年，邓小平会见了金庸，而在那之前，金庸在《明报》上撰写了文章，认为维持香港现状，对各方都有利。结果金庸的预测再一次得到验证。一时间，刚创刊的《明报》迅速成为香港的主流报纸。

金庸与邓小平之间算得上惺惺相惜。邓小平被下放之时，曾留意过金庸的言论。在金庸的小说尚未在内地公开发行的时候，邓小平就托人从境外买了一套金庸小说，成为内地最早的"金庸迷"。1981 年，金庸接到访问内地的邀请函，他对记者说，"最想见的就是邓小平。"当时日理万机的邓小平知道此事之后，马上作出回应："愿意见见查先生。"

 晚年游仙

1972 年写完《鹿鼎记》之后，金庸宣布封笔，退出文坛，开始了闲云野鹤的游仙生活。小说成就为他的晚年生活带来了诸多荣誉，其中包括英国政府褒扬其对新闻事业及小说写作的贡献的 OBE 勋衔、法

国荣誉军团骑士勋衔、香港最高荣誉大紫荆勋章，2001 年，国际天文学会将北京天文台发现的一颗小行星命名为"金庸"。

2005 年，剑桥大学授予金庸荣誉文学博士名衔，81 岁的金庸随即赴剑桥大学攻读历史学硕士、博士。在这一年，他还收到一份特殊的礼物——云南大理市的第一位荣誉市民，当然，这也归功于《天龙八部》中他对大理美景的宣传，很多金庸迷甚至按图索骥，去大理追寻段誉和王语嫣的足迹。

晚年的金庸性格逐渐趋于平和、中庸，他在接受采访时曾说："如果在我的小说中选一个角色让我做，我愿做《天龙八部》中的段誉。""他身上没有以势压人的霸道，总给人留有余地。""在小说中提到的所有武功中，我最喜欢'降龙十八掌'的'亢龙有悔'一招，用三分力攻击，保留七分的后备功力，不把对手逼到绝处。"

"飞雪连天射白鹿，笑书神侠倚碧鸳。"这是金庸所有小说书名的首字联。金庸知识渊博，对政治、哲学、宗教、文学、艺术、电影等都有研究，琴棋书画、诗词典章、天文历算、阴阳五行、奇门遁甲、儒道佛学也多有涉及，若其读书求学的功夫不做足，很难有今天的成就。在《艺术人生·走近金庸》节目中，金庸说自己宁愿在牢中读书，也不愿获得无书可读的自由。他还通过节目对年轻人寄语："希望年轻人养成读书的好习惯。只要学会读书，人生中遇上点挫折、不如意，都不会放在眼里了。"

智慧感悟

求官不得，反求于文。如果当年查良镛得到重用，也许就没有今天的金庸，或许只有一代外交官。但是，只要他"为国为民"的思想还在，不著文章又何妨？

第二十三章

永远的追梦人——三毛

我是一个像空气一样自由的人，妨碍我心灵自由的时候，绝不妥协。

——三毛

《撒哈拉的故事》《哭泣的骆驼》《背影》《稻草人手记》，所有故事发生的时候都毫无预兆，只不过一刹那就成了永恒。作家司马中原说："三毛用她云一般的生命，舒展成随心所欲的形象，无论生命的感受是甜蜜或是悲凄，她都无意矫饰，字里行间，处处是无声的歌吟，我们用心灵可以听见那种歌声，美如天籁。"

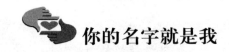 **你的名字就是我**

窗外刮着风，她盘坐在小房间的火炉旁。

两根麻花辫随意地搭在胸前，扇子似的睫毛下闪动着一双黑色的大眼睛。

她提笔写道："尘归尘，土归土，我，归于了我们。"

火炉里木炭不时发出"哒哒"的声响，她停下手中的笔，愣愣地看着那一团火光，它们在冷空气里跳跃闪动……一如荷西那温暖的胸怀，将她拥抱。

就在几天前，她到彰化演讲，在灯火灿烂的霓虹下，她穿着白色麻纱缀花上衣、蓝色牛仔裤，手腕上那对精致雕刻的银镯随着她的一颦一笑上下翻飞。在台下那些渴望的眼神里她忘了悲伤，微笑着讲真诚、讲互爱，描述失去荷西后彻夜长哭的自己，以及现在那颗日益坚强的心灵。

演讲结束，第一排走过来一个一瘸一拐的女孩子，她用右手递给三毛一样东西。

"这是什么？"三毛问。

"印章。"女孩笑着回答。

"哦，刻着什么？"三毛这才注意到女孩的左手弯曲不能动。

"'春风吹又生'，我自己刻的，想送给你。"

瞬间，这句话砸进了三毛柔软的心坎儿。

女孩慢慢走回座位，全场顿时响起雷鸣般的掌声。

曲终人不散。

"吧"的一声，炉子里的木炭又炸开了一块，三毛收起飘远的思绪，在笔记本上接着写道："悲喜交织在里面，是印章刻给我的话。好孩子，我不问你的名字——你的名字就是我。"

此刻，窗外斜斜地打进了早晨的第一缕阳光，暖暖地照在壁炉上，新的一天又开始了。三毛似乎看见了东升的朝阳，在宁静的露珠中把自己照亮。

活着吧！就如那春风吹又生的小草一样，带着这腔热情和冷峻、激情和澎湃，带着这份幸福和忧伤，活下去！

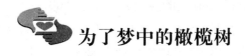 **为了梦中的橄榄树**

1991 年 1 月 4 日清晨，台湾荣民总医院清洁女工进入 7 楼妇产科单人特等病房打扫浴室的时候，看见座厕旁点滴架的吊钩上悬挂着一个被尼龙丝袜吊颈的身体。

那是三毛，她身着白底红花睡衣，没有留下只言片语。

1月2日，她因子宫内膜肥厚住进医院。1月3日才开刀完成手术。法医推断三毛死亡的时间是凌晨2时。第二天，台湾所有的报纸报道了这个死讯，香港80余家报纸也对此进行了详细的报道。

三毛走了，蝴蝶已飞过沧海，白鸽已横渡了斜阳。

"爸爸，我不要这个字！"我们似乎又看到了那个小小的女孩儿嘟着小嘴指着自己的名字"陈懋平"三个字中间的那个"懋"字说。

1943年3月26日，三毛出生于重庆，"懋"是家谱上属于她的排行。那会儿战火连年，父亲期望这个世界太平安康，于是给了女儿"平"字。

后来这个孩子开始学写字，可是无论如何都学不会那个"懋"字。于是，每次写名字，调皮的她都自作主张地把中间那个字去掉，叫自己"陈平"。没有办法，父亲只好怜爱地摇摇头投降。她给自己取名字那年才3岁。

时光飞逝，1967年，当年的那个小丫头已经长成了亭亭玉立的大姑娘，她喜欢将自己瀑布般的头发梳成两条黑油油的大辫子。

"我最喜欢做印第安人。"她笑着说，露出参差但很可爱的牙齿。

为了梦中的那棵橄榄树，她只身远赴西班牙。3年时间里，三毛先后就读于西班牙马德里大学、德国歌德书院，后来进入美国伊诺大学法学图书馆工作。

1973年，因未婚夫猝死，三毛哀痛之余来到了西班牙。峰回路转，没想到在这里，她竟邂逅了苦恋她6年的荷西，于是在西属撒哈拉沙漠的当地法院留下了这对有情人公证结婚的身影。

撒哈拉沙漠是世界最大的沙漠，总面积800万平方公里，西属撒哈拉是其中一部分，占地26.6万平方公里。这片仅有7万人的大漠，终年乏雨，黄沙漫漫，深沉而犷伟。这位年轻的中国女孩子，跋涉万里关山来到这里，艰苦的生活和特别的经历酝酿了她无边的思绪，——在纸上铺陈开来，化为《撒哈拉的故事》《哭泣的骆驼》《背影》《稻草人手记》等作品。令人惋惜的是，1979年9月30日，荷西溺水身亡，于是悲痛的三毛回来了，带着满身风尘。

直到1991年1月4日去世，为了追寻梦中的那棵橄榄树，三毛踏遍万水千山，足迹遍及半个地球，德国、波兰、捷克、丹麦都留下了她的身影。她的作品也在全球的华人社会广为流传，千千万万的人在她的作品中涤荡了自己的心灵。

白驹过隙，斯人已去，留下的是永远无法磨灭的身影和魅力。在那片遥远的天边，我们似乎又听到了那个 3 岁小女孩奶声奶气的声音："爸爸，你看我的名字现在多好。"小女孩得意扬扬地指着去掉"懋"字的"陈平"说。

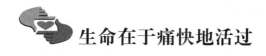

生命在于痛快地活过

"我女儿常说，生命不在于长短，而在于是否痛快地活过。我想这个说法也就是：确实掌握住人生的意义而生活。在这一点上，我虽然心痛她的燃烧，可是同意。"三毛的父亲陈嗣庆说。

20 世纪 80 年代，三毛决定结束流浪异国 14 年的生活，在国内定居。于是，《联合报》赞助她前往中南美洲旅行半年，回来后三毛写成《万水千山走遍》，并作环岛演讲。之后，三毛任教文化大学文艺组，教小说创作、散文习作两门课程，深受学生喜爱。1984 年，因健康关系三毛辞职，生活重心变为写作和演讲。直到 1990 年，三毛开始从事剧本写作，完成了第一部中文剧本，也是她 48 岁人生中的最后一部作品——《滚滚红尘》。

从马德里到撒哈拉，从中国台湾到丹麦，一路走来，三毛一直用淡然而执着的眼光打量着这个世界，用她的笔触感染着一代又一代人。

最后，我们用作家司马中原的一段话来作为结语：

"如果生命是一朵云，它的绚丽，它的光灿，它的变幻和飘流，都是很自然的，只因为它是一朵云。三毛就是这样，用她云一般的生命，舒展成随心所欲的形象，无论生命的感受是甜蜜或是悲凄，她都无意矫饰，字里行间，处处是无声的歌吟，我们用心灵可以听见那种歌声，美如天籁。"

智慧感悟

三毛，在最适当的年代，以最浪漫的方式，向我们展现了自由的美、世俗的美和女人的美。我们怀念三毛，不只因为她生命的昙花一现，更是因为她那种美丽精神的渐渐失传，那是诗哲泰戈尔称为的"上帝才知道的秘密"。

第二十四章

在尘埃里开出花来——张爱玲

　　我从小被视为天才，然而，当童年的狂想逐渐褪色的时候，我发现我除了天才之外一无所有——我是一个古怪的女孩，从小被视为天才，除了发展我的天才外别无生存的目标。然而，当童年的狂想逐渐褪色的时候，我发现我除了天才的梦之外一无所有——所有的只是天才的乖僻缺点。

——张爱玲

　　在中国文坛上，她是一个异数，她有显赫的家世，但没有以此寄生，而是勇敢地闯了出来，因为她的理想并非局限于狭小的空间、简单的富足生活。她从小就被视为天才，发表文章，小小年纪便红遍上海，正如她小说的集名一样，堪称一个时代的传奇。但她是孤独的，在中秋佳节快要来临之际孤独地离开人间。关于她的话题、研究难以计数，能真正走进她的世界的却少之又少，她就是张爱玲。

 **出名要趁早**

　　"我从小被视为天才，然而，当童年的狂想逐渐褪色的时候，我发现我除了天才之外一无所有——我是一个古怪的女孩，从小被视为天才，除了发展我的天才外别无生存的目标。然而，当童年的狂想逐渐退色的时候，我发现我除了天才的梦之外一无所有——所有的只是天

才的乖僻缺点。"

这是张爱玲散文里开篇的一段话。只需看这段话，便可以看出她多么满怀抱负，多么有信心挑战未来，那不是做作地表明自己如何满腹才华和野心勃勃。1920年9月，张爱玲出生在上海一个没落的贵族家庭，祖母是李鸿章之女，祖父乃晚清重臣张佩纶。

张爱玲有着传奇的人生：3岁会背"商女不知亡国恨，隔江犹唱后庭花"；7岁时就写了一篇小说；12岁的时候，公开在刊物上发表处女作《不幸的她》；17岁时就已经成名，发表了很多的文章；23岁时和38岁的胡兰成结婚，3年后离婚；1955年去美国，认识长她30岁的剧作家赖雅，一年后与他结婚；1967年赖雅逝世后，她一个人独居美国；1995年，在自己的寓所内悄然离世。

她不是靠着家世才得来响当当的名头，因为她知道自己要什么，正如她所说："出名要趁早，否则来得也不是那么受用欢欣。"所以，多少年后，人们更多地记住的是她的才华和在文学史上的地位，并不是她的家世，那只是一个陪衬。

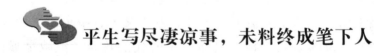

平生写尽凄凉事，未料终成笔下人

如果说张爱玲是幸运的，那么是因为她没有落入贵族小姐以往的俗套，再次嫁入豪门，过一辈子奢靡而没有意义的生活；如果说她不幸，是因为她从一个贵族小姐变成自食其力的作家，这个反抗的经历充满着艰辛和叛逆。

张爱玲从小生活在没有爱的环境里，父母离异后，和父亲生活在一起。父亲不喜欢她，把对母亲的恨统统发泄在她身上，后母也百般挑唆致使父女矛盾重重。16岁那年，因为后母的恶人先告状，无辜的张爱玲遭到父亲一顿痛打，接着被关在家里，过着囚犯般的日子。后又不幸患了痢疾，整整半年没人管。在一个夜晚，张爱玲终于逃出樊笼，奔向自己的新生活。其中的种种艰难在她后来的小说中有所流露，如《半生缘》中曼桢逃出祝家。

有人说，天才是长久的苦难，张爱玲就是带着她的苦难完成一生的苍凉。张爱玲可以逃离家庭的不幸，但她逃离不了命运的残忍。23岁的时候，她认识了大她15岁的有妇之夫胡兰成，他们相爱、相恋，结成连理，但她没能得到最终的幸福。离婚后的张爱玲独来独往，直到在美国遇到大她30岁的剧作家赖雅，但是好景不长，她孤独地在大洋彼岸过完寂寞的一生，身边没有任何亲人。

在张爱玲的笔下没有大哭大闹的场景，没有撕心裂肺的生死感伤，没有捶胸顿足的悲天悯人，她只是在冷静地抒发。对她来说，人生除了坚强别无选择。

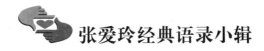 **张爱玲经典语录小辑**

张爱玲是高傲的，所以每次照相她总会把头高高扬起，像俯视风景一般对待人生浮华。她留给后人们的关于自身的情况很少，很多人是借助文字来了解她本人的，下面将辑录一些她的语录，帮助人们走进张爱玲的世界。

"人性"是最有趣的书，一生一世看不完。

最可厌的人，如果你细加研究，结果总发现他不过是个可怜人。

书是最好的朋友。唯一的缺点是使近视加深，但还是值得的。

要做的事情总找得出时间和机会，不要做的事情总找得出借口。

回忆永远是惆怅的。愉快的使人觉得可惜已经完了，不愉快的想起来还是伤心。最可喜莫如克服困难，每次想起来都重新庆幸。

一个知己就好像一面镜子，反映出我们天性中最优美的部分来。

一个人在恋爱时最能表现出天性中崇高的品质。这就是为什么爱情小说永远受人欢迎——不论古今中外都一样。

有人说：不觉得时间过去，只看见小孩子长大才知道。我认为有一个更好的办法，就是每到月底拿薪水——知道一个月又过去了，但从来没有过这种经验。

　　"秋色无南北，人心自浅深"，这是我祖父的诗。

　　生活是一袭华美的袍，上面爬满了虱子。

　　在张爱玲笔下，那个并不遥远的时代里，人如同笼子里的困兽，做着无畏的挣扎，转瞬已隔世。人们在生命的转盘中互相倾轧，面对遥远的人心，面对繁复的人生，爱与情感都只是传说，推开窗，原来一切都是个浮泛的谎言——生活欺骗了我们，而我们又戏弄了生活。

第二十五章

小资的精神导师——亦舒

真正有气质的淑女从不炫耀她所拥有的一切，她不告诉人她读过什么书、去过什么地方、有多少件衣服、买过什么珠宝，因为她没有自卑感。

——亦舒

她美丽而豪爽，但她更有着敏锐的观察力，她擅长将平凡的字眼变成奇句，她麻利、泼辣，15 岁就已成为报纸杂志的编辑们不敢得罪的"大小姐"。她崭露头角，便一举成名，成为香港文坛的一朵奇葩，她和哥哥，还有金庸并称"香港文坛三大奇迹"。如今，她的读者遍及全国，她出版过无数作品，她是一个聪明的女子，她就是亦舒。

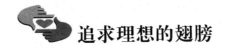 **追求理想的翅膀**

香港文坛曾有三大奇观，即金庸的武侠、倪匡的科幻、亦舒的言情。亦舒是其中唯一的女性，同时也是作家倪匡的妹妹。

亦舒原名倪亦舒，另有笔名梅峰、依莎贝和玫瑰等。1946 年，亦舒出生在上海，祖籍浙江镇海，5 岁时随同家人从大陆到香港定居，曾经就读于嘉道理小学和北角官立小学，毕业于何东中学。

15 岁那年，念中学的亦舒就已经开始写稿，常常有报刊的编辑追到学校来向她要稿，因此她成为编辑们不敢得罪的"大小姐"。中学毕业后，她又担任《明报》记者，并做过电影杂志采访和编辑等工作。1973 年，亦舒留学英国，修读酒店及食物管理，3 年之后回香港，陆续做过新闻官、编剧等工作。

亦舒美丽而豪爽，"有着追求理想的翅膀"，因为她的小说充满幻想色彩——虚无缥缈，却又执着而不肯放弃。她具有敏锐的观察力与触觉，有善于将平凡的字眼变成奇句的才华。她的人如她的作品，麻利、泼辣，即使她换上 10 个笔名，读者也能一下子从作品中把她辨认出来。

无论在曼彻斯特做学生还是在香港做官，亦舒依然坚持写她的小说、杂文。以前，香港政府不许工作人员卖文，所以亦舒就用新的笔名发表，当新的笔名泄密，又重新换另一个，哪怕冒着丢掉饭碗的风险她也要写。至今，亦舒的作品已结集出版的有 70 种，代表作是《玫瑰的故事》《喜宝》《朝花夕拾》等。同时，她已成为专业作家，并移居加拿大。

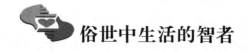 **俗世中生活的智者**

"一个女人，要有很多很多的爱，没有爱，要有很多很多的钱，以上两者都没有，有健康也是好的。"这是亦舒最广为人知的名言，这些文字，虽不华丽，却很深刻，有人甚至拿来做"葵花宝典"，应对真实的生活。

虽然是俗世生活，但亦舒由衷地热爱着它，因为她对生活有睿智的理解和看法，知道如何应对。初中时，亦舒穿着中学校服去交稿，于是便想一定要为自己买一件衬衣。那时，1000 字稿费才 6 块钱，她足足写了 1 万字，才从百货公司买到一件衬衣，共花去 37 块半。一旦喜欢上什么，亦舒绝对不会嫌贵，她会用整月的稿费去买一套连名人都嫌贵的连卡佛名牌套装。当然，她也会穿着蓝色的牛仔短裤，套一件褪了色的 T 恤，坐在大饭店里吃饭，一副旁若无人的样子。她的生活取决于自己的喜好，不受外界干扰。

亦舒对生活的睿智还来自于生活的低调，过着普通人的生活。她每天早上5点多起床，写作到7点多，然后照顾女儿、打理家务。所以，女儿从来没见过她写作，她也从来没告诉过女儿自己的职业。后来，女儿问及，她反问女儿自己是否是好母亲，女儿说是，问女儿自己照顾得她好不好，女儿说好，她便说，那你说我是做哪行的、做什么。

"一开头就持悲观态度，往后便不会失望。"亦舒这样告诫人们。所以她最爱看《红楼梦》《莎士比亚》《鹿鼎记》，因为里边有世俗的人，并且都有两面性，过着现实的生活。亦舒自称是家族里最钝、最不聪明的一个，其实，那是她对待生活的另一种智慧。她认为一个好作家应该正确面对生活，至少要学会用一种昂首的姿态应对。

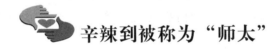

辛辣到被称为"师太"

"不读亦舒终身误，一读亦舒误终身。"这是读者给亦舒作品的最高评价。因为不读，所以懵懂；因为读了，所以懂得，反而绝望。虽然这样的说法过于夸张，但也看出她作品的分量够足。久而久之，人们把洞悉世情、聪明绝顶的亦舒称为"师太"，人们早已认定她修炼成精。

亦舒的辛辣老练由来已久。少年时，她很反叛，母亲说她"敏感，情绪化，容易激动"，但她的才气很早就令人瞩目。亦舒很早就在《中国学生周报》写稿，写得勤而快且好，在同学中鹤立鸡群，成为编辑眼中不可多得的才女。

小小年纪，亦舒便成为编辑们不敢得罪的"美丽而豪爽的才女"。这成为她敏锐、麻利、泼辣、执着性格最早的温床，但她具有的敏锐观察力与触觉，善于将平凡的字眼变成奇句的才华，却是源自于她的阅读爱好。

12 岁时，亦舒就开始读鲁迅的《野草》，后来还在一家文学杂志社里，将整套《鲁迅全集》全部读完，这使她后来的行文更一针见血、爽快犀利。同时，她还喜欢看《三国演义》《水浒传》。亦舒的生命力是非常顽强的，虽然有时也满嘴的愁，但这只是心血来潮，向大众做做情绪表演，转眼间，又嬉笑怒骂开来。

泼辣、尖刻、逼真，是亦舒小说的语言风格，她常以三言两语切中时弊，鞭辟入里。她写的都是灰暗的故事，让人觉得她定是愤世嫉俗，对世界充满愤怒与不屑，甚至仇恨。但她其实是深爱着这个世界的，她渴望温暖和真情。亦舒仿佛就是一个道行高深的人，在俗世中，冷眼旁观着芸芸众生，或悲或喜或怒，无关别人，只存于心，表于文。

智慧感悟

亦舒作品的风格，其实就是她自己的性格。她有自己喜欢做的事，并努力将它们做到最好，我们也应像亦舒一样少一些盲从，多一些付出和热爱。

第二十六章
"商业魔法师"——J.K.罗琳

这些年，我获得的最好的东西或许应该是焦虑的消失。我依然不能忘记攥着手中的钱，考虑能不能付得起账单的那种感觉，不用担心这些是世界上最奢侈的事。

——J.K.罗琳

J.K.罗琳的人生经历正如在她笔下诞生的一个个巫术一般，充满了魔幻的色彩。10多年前，罗琳还是一位靠政府救济金生活的单身母亲，而今天，她已成为世界闻名的亿万富翁。在第七本图书问世之前，她的"哈利·波特系列"图书已经在全球发行3亿册。"哈利·波特系列"的最后一本，在发行一天之内即售出1500万册。

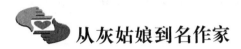 **从灰姑娘到名作家**

畅销全球的魔幻小说《哈利·波特》创造了出版史上的神话。年仅36岁的英国女作家J.K.罗琳也因此坐拥亿万财产。她的故事有如现代版的"灰姑娘"，在世界各地流传。

J.K.罗琳的第一本书《哈利·波特与魔法石》前后共写了5年。

大学毕业后，J.K.罗琳只身前往葡萄牙发展，随即和当地一名记者坠入情网。无奈这段婚姻来得快，去得也快，没过多久，罗琳便带着3个月大的女儿杰西卡回到英国，栖身于爱丁堡一间没有暖气的小公寓里。因为找不到工作，她只能靠着微薄的失业救济金养活自己和女儿。那时的她几乎忘了自己对于文学的钟爱。

1990 年，25 岁的罗琳坐在由曼彻斯特前往伦敦的火车上，不巧火车晚点。就在这几个小时的等待中，透过车窗，罗琳仿佛看见了一个黑发瘦弱、戴着眼镜的小巫师在对她微笑，罗琳和哈利·波特不期而遇。

之后的 5 年里，因为公寓里又小又冷，罗琳常常选择在一间咖啡屋里开始一天的写作。她将女儿放在桌边的婴儿车上，点上一杯饮料，之后就开始"谋划"哈利·波特的故事。刚开始时，咖啡馆的人都用很奇怪的眼神打量她，渐渐的，人们习惯了，有时还会出于同情，请她喝上一杯。回忆起当年的生活，罗琳感慨万千："当初总是担心，在女儿的旧鞋穿坏之前，是否有钱帮她买一双新鞋？"

书完成了，罗琳却没有钱去影印稿子，只好自己将厚厚的纸稿敲成铅字。但要将书稿寄给谁呢？没出过书的罗琳，干脆跑到图书馆翻阅《作家和艺术家年鉴》，在众多的名家中她选择了克里斯多夫·里特，并将一部分稿件寄给他。结果，很快她就收到了一封至今都令她激动不已的回信，那上面写着："我期待能够看到您完整的作品。"

《哈利·波特》的诞生改写了诸多孩子的童年，同时也改变了罗琳的生活。该书出版后，名望和财富一起向罗琳张开了怀抱。她在一夜之间从贫穷的单身妈妈，成为国际畅销书作家。

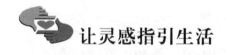 让灵感指引生活

罗琳的成功经历看似简单：一书成名，一投即中。但这简单的背后隐含着执着与乐观。

在人们猜忌的目光下，在孩子的哭闹声中，罗琳日复一日地写着不知该拿到哪里去出版的魔幻故事，只因为她与哈利·波特的一次"偶遇"。创作的确是需要灵感的，而罗琳将这种灵感发挥到了极致，

她几乎就是靠着灵感的指引来过生活和做各种选择。这样的成功并不是偶然，她将哈利·波特带给她的感动带给了更多人，这样的举动只有纯洁和执着的心灵才可以做到。5 年的时间，用一本书来完成她与哈利·波特之间的心灵沟通，这就是 J. K. 罗琳，用简单的方式做好最想做的事。

《哈利·波特与魔法石》在英国出版一年后，美国版的"哈利·波特系列"书由美国学者出版社的编辑亚瑟·赖文推出。赖文当初花了10.5 万美元才买到了该书的版权，那时他心里也没底，不知道花这么一大笔钱能不能赚回本钱。但罗琳对写作的坚持和勇敢的生活态度感动了赖文，赖文表示文如其人，从书中可以看出一个真实的罗琳，她一直用自己独特的世界观解释周遭的世界，他相信这正是这本书的魅力所在。

魔法，罗琳用最精彩的方式把最纯洁的种子种在了孩子们的心中。

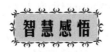

你在生活里一定也有过单纯的爱好吧！那些完全发自内心而并非来自父母要求的爱好。罗琳精彩的人生故事告诉我们，要善于捕捉和聆听自己内心深处的声音，无论生活陷入怎样的困境，都要活在真实的感受里，最大的奇迹不在别处，正是来自我们自己。

第二十七章

扼住命运咽喉的人——贝多芬

我愿证明，凡是行为善良与高尚的人，定能因之而担当患难。

——贝多芬

在中国，贝多芬代表着古典音乐、高雅艺术，除了专攻音乐和喜欢古典乐的小部分人以外，贝多芬似乎是个高不可攀的人。其实，那只是被包装了的贝多芬，就连与贝多芬同时代的人都将他误解成难以接近的"疯子"，更何况是相隔两个世纪的人呢。对于真正的贝多芬，我们可以从他的音乐中读到他温柔的内心，也可以从罗曼·罗兰的《贝多芬传》中感受到他的善良、羞怯和坚强。贝多芬值得每一个人花时间去了解！

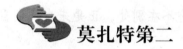 莫扎特第二

贝多芬出生于德国波恩，他的父亲是个宫廷唱诗班的男高音歌手，嗜酒如命、喜怒无常；母亲是宫廷厨师的女儿，心地善良、性情温柔。贝多芬一家有好几个孩子，生活非常艰辛，加上当时神童莫扎特已经享誉欧洲，糊涂的父亲就产生了要贝多芬成为"莫扎特第二"的愿望，想将儿子变成自己的摇钱树。

为了把贝多芬练成音乐神童，父亲经常打骂他，并且迫使他从4岁起就整天没完没了地练习羽管键琴和小提琴。邻居们经常听到贝多芬家里传来醉酒的父亲的打骂声和孩子的哭泣声，有时就是在半夜，也

能听到贝多芬父亲可怕的吼叫声。

有一年，镇上来了个没什么水平的旅行音乐家，却被贝多芬的父亲视为良师，两人常常喝得大醉之后，回家把小贝多芬拖下床，从半夜上课到黎明。

为了使贝多芬看上去像一个神童，父亲将他的年龄隐瞒了 2 岁，在他 8 岁时，把他带出去当作 6 岁的孩子开个人音乐会。尽管费了很多精力拉拢关系，但贝多芬的第一次登台没有收到像莫扎特那样轰动的效果。父亲对他很失望，变得更加暴戾。

莫扎特童年受到的是良好的教育，他的练功时间是愉快而安静的，他有着一个慈爱的父亲和一个溺爱他的姐姐；而贝多芬则不然，父亲打骂他，家庭生活窘迫，从小就要承担养家的重担。与莫扎特相比，贝多芬的童年太不幸了。

贝多芬换了一个又一个老师，直到他遇见宫廷琴师和波恩剧院的经理尼费。尼费是一位令人尊敬的音乐教师，他友善，受过良好教育，遇到他对贝多芬来说是一种幸运。因为贝多芬的父亲从来不考虑送贝多芬去学习，哪怕是两三个月，在他眼里读书远不如学音乐那样能挣钱。自从和尼费一起学习音乐之后，贝多芬有生以来第一次发现上课是愉快的。尼费不仅教音乐，还教他许多别的事情。为了付学费，当尼费先生很忙或离开市镇的时候，贝多芬就代替老师做风琴师。于是当他刚满 14 岁的时候，就被任命为剧场的助理宫廷风琴师和古钢琴师了。童年的不幸使他形成了暴躁的性格，有人甚至相信他的耳聋与父亲的打骂有关。

 **我为音乐狂**

很多人都相信贝多芬之所以创作了绝世无双的音乐，是因为他耳聋以后，可以听到上帝的声音，并将上帝谱写成旋律，让人们听到了福音。当我们了解了贝多芬对音乐的态度之后，也许就不会这样猜测了。

一天，贝多芬到一家饭馆用餐。点过菜后，他突然有了创作的灵感，拿起餐桌上的菜谱就作起曲来，完全沉浸在美妙的旋律之中了。侍者看到贝多芬十分投入，便不敢去打扰他。大约一个小时之后，侍者忍不住问：“先生，上菜吗？”贝多芬如梦初醒，立刻掏钱结账。“可是先生，您还没吃饭呢！”“不！我确信我已经吃过了。”贝多芬根本听不进侍者的解释，他付款之后，抓起写满音符的菜谱，就冲出了饭馆。

贝多芬不仅随时抓住灵感，对已经完成的稿子，也是不厌其烦地修改。曾有一份贝多芬的手稿被公诸于众。只见在这张稿纸上，有一处竟贴上了12层小纸片。最后人们发现最初的构想竟然与第12次改写的音符完全一样。贝多芬对音乐的推敲达到了杜甫所说的“语不惊人死不休”的境界。作曲对于贝多芬而言，有时候也不是捕捉灵感就可以完成的。他写作歌剧《费德里奥》时，曾为其中的一首合唱曲先后拟定过十种开头。人们熟悉的《命运交响曲》第一乐章的主题动机，也曾有十几种不同的构想。由于耳聋，他不想和别人交谈，因为他害怕别人把他当成聋子对他大声吼叫，于是他常常独自揣着笔记本，在散步时也从不忘记记录想法，这一点又极像我国唐朝的“掉书袋”的诗人李贺。

晚年时，贝多芬有一次听到自己的《C小调三十二变奏曲》，问道：“这是谁的作品？”“你的。”演奏者回答说。“我的？我会写这么笨拙的曲子？啊，当年的贝多芬简直是个傻瓜！”歌德曾评论席勒：“他每星期都在变化，在成长。我每次看到他时，总觉得他的知识、学问和见解比上一次进步了。”这句话也同样适合贝多芬。

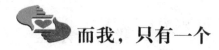

而我，只有一个

贝多芬曾被一位公爵邀请去为住在他的官邸的法国军官们演奏，当他知道公爵意在炫耀的本意后就没有答应。公爵拿出贵族派头，变“邀请”为“命令”。可是贝多芬更有“派头”，他不仅坚持回绝，回家之后，还把公爵以前送给他的一尊胸像找出来摔得粉碎。事后，他给这位公爵写了一封信："您之所以成为一个公爵，不过是由于偶然的出身罢了；而我之所以成为贝多芬，则完全靠我自己。你这样的公爵现在有的是，将来也有的是，而我贝多芬永远只有一个！"

贝多芬很瞧不起附庸风雅的人。在贝多芬生活的时代，欧洲盛行收藏名人贴身物品。曾有一位伯爵夫人向贝多芬索取一束头发作为纪念，贝多芬竟用纸包了一束山羊的胡子将那贵妇打发了，而那位伯爵夫人还以为真的得到了宝贝。还有一次，几个贵族请贝多芬演奏。起初，贝多芬的兴致还不错，可是当他发现这些贵族们并没有欣赏自己的音乐时，立刻盖上钢琴，怒气冲冲地说："我没有兴趣对猪弹琴！"然后拂袖而去。

贝多芬年轻时接受进步的思想，也很崇拜拿破仑的改革魄力，他曾为拿破仑写过一首赞歌。但是当他得知拿破仑背叛了最初建立民主国家的目标而自封帝王的时候，非常气愤，从乐谱上扯下自己的赞歌，把它揉成一团扔在地上，并且不许别人捡起来。

我国的诗人李白曾说："安能摧眉折腰事权贵，使我不得开心颜！"贝多芬身上也正闪耀着这种不肯违背自己良心的倔强品格，就像他自己说的："贝多芬只有一个！"

智慧感悟

无论遇到何种困难，想一想伟大的贝多芬和我们一样痛苦过，甚至比我们想象的还要痛苦，我们就不会退缩了。

第二十八章

戏曲生涯君子人格——梅兰芳

精神畅快，心气和平。饮食有节，寒暖当心。起居以时，劳逸均匀。

——梅兰芳

他在舞台上留下了一幕幕经典的画面，同时，他还把舞台搬到了国外。他为中国的戏剧事业做出了巨大贡献，人们不仅记住了他的艺术才华，更记住了他的拳拳爱国心。如今，关于他的影视作品层出不穷，人们在以不同的方式怀念他。

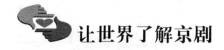

让世界了解京剧

1894 年，梅兰芳出生于北京的一个梨园世家，他的祖父、父亲、伯父均为著名艺人或著名琴师。梅兰芳早年父母双亡，由伯父梅雨田抚养长大成人。8 岁，他就开始学戏。9 岁的时候，拜吴菱仙为师学青衣。10 岁那年，梅兰芳首次登台出演织女。14 岁时在喜连成班演出。

1911 年在北京各界举行的京剧演员评选活动中，梅兰芳名列第三名。梅兰芳是一个懂得吸纳并创新的人，他吸收上海文明戏、新式舞台、灯光、化妆、服装设计的长处并对其进行改良加工，最后摸索出一套自己的风格。

"讨老婆要像梅兰芳，生儿子要像周信芳。"当时，梅兰芳的戏风靡整个江南，巷子里经常会传出这样的话语。1914 年，梅兰芳返京后创演时装新戏《孽海波澜》。后来，他又第二次来到上海，出演了《五花洞》《真假潘金莲》《贵妃醉酒》等拿手好戏，获得一致好评，一唱就是 34 天。

梅兰芳从北京唱到上海，又从上海唱遍整个中国，最后唱到了国外。1919 年 4 月，他应日本东京帝国剧场的邀请，赴日本演出了《天女散花》《玉簪记》等戏。1930 年春，又率团赴美，在纽约、芝加哥、旧金山、洛杉矶等城市献演京剧，获得巨大的成功。有报纸评论称，中国戏不是写实的真，而是艺术的真，是一种有规矩的表演法，比生活的真更深切。

在 50 余年的舞台生涯中，梅兰芳精心钻研，勇于革新，创造了众多优美的艺术形象，积累了大量的优秀剧目，形成令世界人民瞩目的"梅派"艺术，也使我国京剧艺术跻身世界戏剧之林。

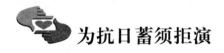 **为抗日蓄须拒演**

抗日战争时期，梅兰芳来到香港，深居简出。国难当头，一向视艺术为生命的他再也不愿露面演戏。1941 年 12 月，日军侵占香港，他担心日本人会找上门来，怎么办？梅兰芳与妻子商量后，决定蓄胡须，坚决不为日本人和汉奸演出。

看到梅兰芳的胡须，年幼的儿子梅绍武悄悄地问："爸爸，您怎么不刮胡子了？"梅兰芳只是笑了笑，什么也没说。

1942 年 1 月，日本驻军司令酒井看到梅兰芳蓄起胡子，惊诧地说："梅先生，你怎么留起胡子来了？像你这样的大艺术家，怎能退出艺术舞台呢？"梅兰芳回答："我是个唱旦角的，如今年龄大了，扮相也不好看，嗓子也不行，已经不能再演戏了，这几年我都是在颐养天年呢！"酒井很不高兴。

几天后，酒井再次派人找到梅兰芳，一定要他登台演出，正巧此时梅兰芳患了严重的牙病,一脸肿相,酒井知道后无可奈何,只好作罢。圈子里的朋友知道这件事后,个个都竖起大拇指,夸梅兰芳聪明。

 美名留后

1961 年 8 月 8 日,梅兰芳在北京去世,享年 67 岁。梅兰芳为京剧艺术做出了杰出的贡献,不但留有《贵妃醉酒》《天女散花》《宇宙锋》《打渔杀家》等脍炙人口的剧目,还先后培养、教授学生 100 多人,还著有《梅兰芳文集》《梅兰芳演出剧本选》《舞台生活四十年》等书,他在舞台上的光辉形象也一直留在人们心里。

文人一般通过文字来悼念,听闻梅兰芳去世的消息,作家老舍写下了感人涕零的文章以示悼念:"我们正在大兴安岭上游览访问,忽然听到梅兰芳同志病逝的消息。我们都黯然久之,热泪欲坠!我们之中,有的是梅大师的朋友,有的只看过他的表演,伤心却是一致的。谁都知道这是全国戏曲界的一个重大损失!"梅兰芳纪念馆于 1986 年 10 月对外开放,让更多的人去了解和纪念。

2008 年 12 月 5 日,由陈凯歌导演,黎明、章子怡等当红影星出演的影片《梅兰芳》在全国上映,取得了票房过亿的好成绩,作为梅兰芳后人的代表,梅葆玖先生也非常认可。越来越多的人通过此片进一步了解了梅兰芳本人和他对艺术的热爱。

智慧感悟

梅兰芳不但是一位艺术大师,同时也是一位著名的爱国人士,他蓄须拒演的故事一直流传至今。

第二十九章

动画巨星——迪斯尼

一切都从一只老鼠开始。

——迪斯尼

上海要建迪斯尼了！人们在各大网站上看到这条新闻时，很多孩子都高兴得跳了起来——"太好了，建好以后，我一定要去看！"这里所说的"迪斯尼"，就是我们熟知的迪斯尼主题公园。在里面可以看到唐老鸭、米老鼠、白雪公主和七个小矮人……那里是一个完完全全的童话世界，是欢乐的海洋。而把人类童话的梦想变成现实的那个人，就是华特·迪斯尼。

 **童年生活**

动画大师华特·迪斯尼出生于美国芝加哥，在家中排行第四。4岁时，他搬到密苏里州一个非常大的农场里，在那里度过了最美好的童年。

华特住的农场离大伯罗伯特·迪斯尼家不远，家人之间的关系也非常好。那时候他有一个比自己小的妹妹鲁丝，因为都很年幼，他们不用帮忙干活，常到附近的池塘游泳，到田野间抓小动物，在树林下闲荡。

在这个充满了大自然的美好和田园的乐趣的时期，华特对绘画产生了兴趣。据说，有一位退休的医生做他们的邻居时，曾付钱请华特画自己的马。在农场生活时，他也爱上了火车，常常贴在铁轨上，听驶来的火车声，他有一个开火车的叔叔，因此可以观察叔叔是如何开火车的。

8岁那年，父亲因伤寒病倒，迪斯尼一家只好把农场卖掉，搬到堪萨斯城，以送报维生。为了陪同小妹鲁丝一起上学，华特延迟了一年才上学。从小学毕业后，他到芝加哥艺术学校去学习，但没有完成学业。为了准时送达报纸，他起得相当早，到了上课时间就困得不行，无法专心上课，他还喜欢乱写乱画。总体说来，华特也算不上是一个好学生。

 **兄弟情深**

华特和哥哥洛伊的感情非常好，他们后来一起创办了迪斯尼兄弟动画公司。迪斯尼能够有所建树，围绕在他身边的浓浓亲情至关重要。

15岁那年，华特暑期在火车上谋了一个游走小贩的工作，他卖汽水、糖果、报纸等给旅客。但是他对火车更加着迷，有一次他看得太入神，完全忘记了自己的商品，结果被小偷全部拿走了。幸好有哥哥洛伊借钱给他赔偿老板，他才得以脱身。后来，他采纳了哥哥的建议，把工作辞了。

他第一次离开家乡自谋生路时，也是首先来到哥哥工作的地方，经过哥哥朋友的引荐，得到一份在艺术工作室的工作，工作内容是替报纸、杂志、戏院制作广告，并且在此时遇到一位与他志同道合的朋友。

在去好莱坞打拼时，迪斯尼有机会展示自己的才华了，但是资金不够。这时候他又向因患肺结核而正在养病的哥哥求救。迪斯尼非常诚心地请求哥哥能到他草创的工作室帮忙，如果没有他的协助，迪斯尼财务上将无法维持收支的正常。为了弟弟的事业，哥哥当然不会拒绝。哥哥洛伊和他一起离开了医院，好在洛伊的肺结核后来也未曾复发。

在迪斯尼的邀请下，昔日的工作伙伴和家人陆续由堪萨斯移居到好莱坞，有"爱丽丝的幻想世界"的人物主角和先前的创业伙伴，他们在一起形成了初期的"迪斯尼兄弟工作室"。

无论何时，迪斯尼总能从哥哥洛伊那里得到支持，这正是他们可以创办日渐繁荣的迪斯尼兄弟影视公司的原因。不管他们在事业上是否成功，至少他们收获了美好的兄弟情谊。

 **动画与创业**

迪斯尼有一腔爱国热情，他希望投入战斗中为国争光，于是就成为一名卫兵，来到了法国。但当时战争已经接近尾声，他受不了在法国百无聊赖的日子，就写了退役申请，回到了美国。

在战时担任救护车驾驶员的时候，迪斯尼就喜欢将救护车涂满。他回国以后决定从事艺术工作，但父亲不赞成他的做法，为了证明自己可以自立，他决定离开家。

经过一番思考后，他搬到堪萨斯城里开展一生的艺术工作事业。起初，他想和志同道合的朋友一起经营一家漫画公司，然而只有少数客户愿意给他们机会，公司的运作并不顺利，合伙人仓促地离开了。事业失败后，迪斯尼随后也加入了新公司。

在堪萨斯，他们为当地的电影院制作早期的动画广告，迪斯尼深信动画的未来发展潜力无限，于是花了许多时间在图书馆研读有关解剖学及机构学的书籍，来帮助他积累办公司的理论基础。他曾借走一部公司的摄影机回家做实验，为的就是要看一看自己的实验效果。

两年之后，迪斯尼再次开创了个人的事业。他在 1922 年成立了一家影片公司，制作一些比较受欢迎的传说故事的卡通短片，虽然效果不错，但是入不敷出，第二年就破产了。

再次一无所有的迪斯尼来到了好莱坞，他还带着一些没有做完的"爱丽丝的幻想世界"影片胶卷。他四处求职，但都被当面回绝。直到他毫无希望地寄了半成品给影片的发行商，竟然收到信息说可以继续"爱丽丝"的模式。

在哥哥的帮助下，迪斯尼终于凑齐了一个工作班子。

随后，他们制作了世界上第一部有声的动画片和第一部动画长片《白雪公主》，他与洛伊·迪斯尼一起正式创办了迪斯尼兄弟动画制作公司。

大家所熟悉的米老鼠，就是由迪斯尼早期创作的长耳朵卡通兔形象的基础上改编而来的，而"Mickey Mouse"这个名字，则来自他的妻子。

当迪斯尼的影视事业蒸蒸日上之后，他便希望创办一个自己的主题公园。人们可以在其中看见卡通人物，这就是迪斯尼乐园的最初构想。不过，在第一座迪斯尼主题公园建成之前迪斯尼就去世了。

智慧感悟

没有人可以估计到自己以后会走到哪一步，但良好的开端是成功的基础。

第三十章

影坛"教父"——阿尔·帕西诺

我带上台的一切都得自街头。

——阿尔·帕西诺

电影《教父》曾让好莱坞感受到了西班牙帮派的传奇和魅力。从《教父》这部电影中一个年轻的小伙子变成了成熟稳重的大哥,他开始成为教父的代名词,成为风度、黑帮、亦正亦邪的经典。此后他出演了很多影片,塑造了许多新的形象。他让男性的魅力,除了施瓦辛格式的力量以外更多了几分优雅。

 表演的梦想

阿尔·帕西诺,他的名字总是和电影《教父》联系在一起。帕西诺在电影屏幕上的形象永远与那个优雅绅士和黑帮大哥联系在一起,是每个爱电影的人心中永恒的经典。

1940年4月25日,美国纽约哈尔姆一个19岁的西西里岛少女生下一个男孩,她感到很惶恐,不知道怎么办才好。这个可怜的小男孩就是帕西诺。他似乎来得不合时宜,所以没有足够的爱去保护他成长。在帕西诺2岁时,父亲离开了他,母亲把他带回爷爷奶奶家,两年之后,小阿尔又被送给外祖父母抚养。

帕西诺的家人都有很强的传统观念,在帕西诺7岁以前,他们不允

许他出门，更不用说去教堂做礼拜了。对他来说，能与母亲看一次电影就是件天大的喜事。每次在这样的时候，他总会兴致勃勃地回家模仿片中的人物。

帕西诺就读的高中，以出表演人才而闻名。1954年，15岁的帕西诺被曼哈顿的表演艺术学校看中，可学习还不到一年，他的家人就不再允许他继续学习了。他们认为表演不是正经事，要他忘记表演，找一份报酬高的工作养活家人。帕西诺不得不让步。但对表演着了迷的帕西诺没过多久，就遇见了著名演员查尔斯·劳顿，幸运地受到他的点拨。

4年后，帕西诺参加了一个正规的演员训练班，这算是他正式开始演员生涯。可惜的是，当他正在外地演出时，母亲便去世了。没有让母亲看到自己的成绩，这是帕西诺终生的遗憾。

 **霍夫曼阴影**

帕西诺正式登上电影舞台以前，曾在外百老汇的舞台上磨炼演技。外百老汇是百老汇以外的所有戏剧舞台，讲究真才实学，帕西诺从戏剧舞台上的一介小生，逐渐成为挑大梁的男一号，才开始大胆迈向电影表演。

26岁的时候，帕西诺尝试在舞台剧中演出一名精神病患者，首次赢得欧比奖和外百老汇最佳男演员奖，终于打开了通往百老汇和好莱坞之门。但是帕西诺首次出现在电影银幕上，并不太成功。不过，他在百老汇舞台上却赢得了最佳演员东尼奖，这也让好莱坞的导演逐渐注意到这个新秀。

帕西诺身上有西西里人的血统，这一点被大导演弗朗西斯·科波拉相中，他正好要拍一部西班牙黑帮的电影，帕西诺理所当然地成为候选人。随后，他出演了改变一生的影片《教父》，在其中饰演黑手党徒迈克尔·科莱昂。在第一部中露面的时候，他还是一个年纪轻轻的小伙子。这部反映美国黑社会斗争与权势的影片真实而深刻,大受观众的欢迎,帕西诺也第一次获得了奥斯卡最佳男配角提名。此后,他在《教父续集》中,从一个单纯的大学生变成了黑手党的第二代教父,表演成熟而稳重。无奈当时有东山再起的马龙·白兰度和在续集中冉冉升起的罗伯特·德尼罗,帕西诺没有能够一枝独秀。

其实他这时还面临着另一种挑战,那就是他的矮小身形跟当红的男星达斯汀·霍夫曼颇为相似,帕西诺显得像一个复制品。刚刚打算向好莱坞高歌猛进的帕西诺,突然又回到了出名前的状况。连续好几年的时间里,他都无法摆脱霍夫曼的阴影,他表现出色的几部影片,反响却平平。

小男人消失,老男人归来

阴影之中的帕西诺,也寻找过新的出路。他尝试暴力、枪战、感情,但是情况没有好转。难道他就要这样,只在《教父》中闪耀一下就告别青春吗?

以法国革命历史为背景的大片《革命》找到了他。2800万美元在当时已经称得上是巨制,可上映后的结果是一败涂地——在美国市场上映的票房竟然不足100万!在讲求回报率的好莱坞,帕西诺成为"过街老鼠",这次失败让他从银幕上失踪了4年之久。

酒精成了他的好朋友,但借酒消愁愁更愁。他也拿起摄像机"玩票",拍了一部一小时长的电影,但没有公映,只在现代艺术博物馆放映给小众。他重新回到了百老汇,重操旧业,演舞台剧,他再次获得东尼奖。

临近50岁时,帕西诺终于重回荧幕。1989年他参演了《激情刽子手》,帕西诺被新一代的电影观众接纳。"这个演员是谁?""他就是当年的教父!"接着,帕西诺在漫画电影《狄克崔西》中扮演大反派头目,光芒胜过了同片演出的达斯汀·霍夫曼!科波拉再拍《教父Ⅲ》,

50 岁的帕西诺重新回到聚光灯的中心。

《闻香识女人》中，帕西诺一举夺得奥斯卡影帝的桂冠。他塑造的那个双目失明的退伍军官，固执的性格和内心的温柔被他阐释得淋漓尽致。只能说，岁月让帕西诺洗尽铅华。2004 年，他成为第 61 届电影金球奖终身成就奖的得主，这一切，对他来说都来得太迟，但值得如此等待。

智慧感悟

他从来不觉得自己就是天生的幸运儿，他从街头走上电影屏幕，变成电影"教父"，一切都是肯吃苦才有回报。上天还是公平的。

第三十一章

随风而逝的乱世佳人——费雯·丽

一个女人的迷人，一半来自于她的幻想。

——费雯·丽

"你有如此的美貌，根本不必有如此的演技；有如此的演技，根本不必有如此的美貌。"这是费雯·丽初次入选奥斯卡影后时所获的评语。12年后，《欲望号街车》中那个年华逝去、红颜不再的疯癫妇人，使她囊括了包括奥斯卡、柏林、英国本土等所有的重量级大奖。光阴可以逝去，美人却不迟暮，她的优雅单纯，她的歇斯底里，都会成为屏幕上永不凋零的经典。

让批评者收回话语

费雯·丽出生在印度大吉岭海峡附近，一个偏僻而美丽的地方，她的父亲是英属印度的一个军官，母亲热爱表演，他们给女儿起名"薇薇安"，希望她可以接受正规的英式教会教育。在6岁的时候，她被送上了开往英国的轮船，那时正值第一次世界大战结束。

在教会学校毕业后，母亲又把她送到了位于伦敦西区的一所戏剧学校里。在那里，薇薇安立志做一名优秀的女演员。有一次，薇薇安经朋友推荐，参加了一场电影表演，但饰演的是一个并不重要的角色。薇薇安从艺之后，给自己起了一个艺名，就是今天我们所熟知的费雯·丽。随后她出演了三部电影，但并没有得到期待的好评。有人说她没有天分，她为此非常伤心。

1938 年，费雯·丽去美国看望她的丈夫劳伦斯·奥利弗，在那里，她幸运地遇见了塞尔兹尼克兄弟，正好他们在为影片《乱世佳人》寻找女主角。当时有好几位大牌演员都是这个角色的候选人，其中有凯瑟琳·赫本和鲍莱特·乔达德，而乔达德夫人的呼声最高。但是当导演看到费雯·丽时，马上感觉到这个像猫一样温顺而又狡黠的女子，正是他们寻找的人。

影片《乱世佳人》后来成为电影史上最值得纪念的一部电影，也获得了当年奥斯卡最佳影片奖。随后，她主演了多部影片，其中有《魂断蓝桥》，但是反响一直不大。直到 1951 年，费雯·丽在影片《欲望号街车》中为自己赢得了第二个奥斯卡金像奖。

曾有评论家批评费雯·丽在电影和话剧上的表演都很生硬、空洞，缺少角色需要的情感。然而，在费雯·丽逝世后，这个评论家也"成熟"了，认为自己早期的评论是他所提出的"最糟糕的错误意见之一"，他开始认为费雯·丽饰演的麦克白夫人"比通常的战斧更加合理……"。

1969 年，英国演员教堂为费雯·丽竖立了一块纪念牌。1985 年，为了纪念"英国电影年"，发行了一套邮票，其中就有费雯·丽的肖像。

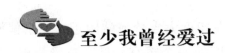 **至少我曾经爱过**

费雯·丽的一生不缺少爱情，她在戏剧学校读书时，就有一个儒雅的律师热烈地追求她。费雯·丽在一个封闭的修道院里长大，爱情和崇拜之间的区别，她毫不知晓，而且，她所受的基督教育是委屈自己也要成全别人。当这位绅士向她求婚时，她答应了，并且在离自己的 20 岁生日还有一个月的时候，生下了女儿。

但费雯·丽不满足于做一个律师的妻子，尽管丈夫不太赞成，她还是回到了表演行，并且认识了演员劳伦斯·奥利弗，他们相爱了。

费雯·丽越来越感觉到自己不属于一个普通的英国律师家庭，尽管她非常尊重和敬佩自己的丈夫，她还是提出了离婚。当然，奥利弗也和自己的妻子离了婚。他们终于成了自由人，终于可以一起为电影梦想打拼。费雯·丽的前夫一直是他们的好朋友，并且在费雯·丽生病期间照顾过她。

费雯·丽和奥利弗一起在英国出演了多部话剧，后来奥利弗到美国发展，费雯·丽也随他去了美国。尽管她非常想和恋人合作表演，但导演给他们的机会不多。费雯·丽能够出演《乱世佳人》，很大程度上也要归功于奥利弗的推荐。随着费雯·丽的声名鹊起，奥利弗渐渐暗淡了。费雯·丽在被评为电影界的明星后，她却躲在奥利弗的台下，仰头痴迷地看着他的话剧表演。

尽管后来，费雯·丽因种种意识向奥利弗提出了分手，但是直到生命的最后一刻，她也从来没有停止过对爱人的思念。他们一起在好莱坞打拼，相互安慰，而身世可怜的奥利弗也承认，费雯·丽对他的爱是他一生的财富。

 **香消玉殒**

费雯·丽的挚爱奥利弗曾对她说："必须去感受。痛苦、热情、忧伤，一切的感受都会使你永远地失去一些东西，而一切的感受又会使你的内心更加丰富。"这个主张对于费雯·丽来说几乎是致命的，因为她入戏太深，她表演的每一个悲剧故事都在损害着她的健康。

《魂断蓝桥》中的玛拉因为爱而死在车轮下，《汉密尔顿夫人》中的埃玛因为尊严而失去了一切，《欲望号街车》中的布兰奇因为不愿忘怀而被强行送往精神病院……一次次忘我地置身于这些角色中的费雯·丽终于病了，曾有人评价说："她是我认识的最有恒心的女演员，如果她认为对表演有帮助，她会爬过碎玻璃。”

在出演《乱世佳人》时，她因为道具中的有害灰尘染上了肺结核，不久就病重了。后来她曾经两次流产，这加重了她的忧郁症。

她精心与奥利弗准备的舞台剧，被很多人赞扬，但是也有一些刻薄的批评家说她让奥利弗的水准也降低了。费雯·丽反复咀嚼着批评者的评论，而忽略了其他评论家正面的评价。

身患抑郁症的费雯·丽后来又饰演了《欲望号街车》中疯癫的妇人，虽然反响很好，但据她说自己已经被戏中的角色控制住了，她就像着了魔一样，间歇性地发作那可怕的忧郁症，对爱人咆哮甚至动手，这也导致了她爱情的破裂。

1967 年 7 月 7 日，费雯·丽因突发肺结核去世。按她的遗愿，死后她的角膜捐献出来，骨灰撒进她生前最喜爱的小湖里，她收藏的名画德加的《浴女》赠给前夫劳伦斯·奥利弗。当天晚上，伦敦的所有剧院都熄灭舞台脚灯一分钟，演员和观众一起默哀，悼念这位天才的表演艺术家。

智 慧 感 悟

红颜易老，但费雯·丽是人们心目中永恒的美人，不仅因为她的美貌惊世骇俗，更因为她的灵魂是如此饱满，如此富有张力。美貌会随着时间消逝，但那个活跃在屏幕上的费雯·丽永远活在人们心中。

第三十二章
一个与"中国功夫"同义的名字——李小龙

修炼功夫的目的不是致力于击破石块或木板，我们更关心的是用它影响我们的整个思想和生活方式。

——李小龙

提起中国功夫，人们就会不由自主地想到一个名字——李小龙！提起李小龙，我们就会想到他的铁拳、飞腿、怪叫，还有那势若奔雷的双节棍。李小龙是将中国功夫传播到世界的第一人，他的生命不息、奋斗不止、不断挑战自己极限的精神，感染着一代又一代。他将"KungFu"一词写入了英语词典，他是当之无愧的中国的象征、龙的象征。

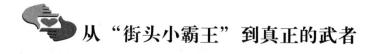

从"街头小霸王"到真正的武者

李小龙是世界上公认的中国硬汉，他的爱国情怀、他的绝世功夫、他的精湛演艺、他的哲学思想，都被世人崇拜着。他创造了一个又一个奇迹，他的一生都在学习、超越。

李小龙从小就是一个另类、顽皮的孩子，痴迷武术，在上学的时候，他的学习成绩不好，很多同学都歧视他，不服输的他，就想用"武功"证明自己比别人强。因为爱打架，在同学们眼里他简直就是一个"街头小霸王"。

13 岁的时候，李小龙有幸跟随叶问大师学习咏春拳，他的潜能被发掘了出来。叶问注重对弟子的启发，让他们自己去思考、改进，而他之所以肯收李小龙做弟子，就是看到了他的悟性。大师兄在一次比赛中失利了，引来很多媒体对咏春拳的质疑。李小龙没有被舆论干扰，而是埋头苦想失利的原因，最后他发现咏春拳不善于远距离格斗是大师兄失利的技术原因，这一观点得到了师傅的认可。

李小龙在大学选修的是哲学，他经常把武学与哲学结合起来，在生活中思考和感悟。正因为如此，他从不一味地固守门派观念，而是通过不断的实战，从与强者交战的失败中总结经验教训，发现别人的长处和弱点，提高自己，战胜强敌。他创立的截拳道就是以咏春拳为基础，吸纳了空手道、菲律宾拳、拳击、柔术、泰拳等拳术的精华，以多家之长构成了自创功夫的核心技术。

李小龙在习武的 19 年间，不断地将自己所学的知识转化为一种技能、一种艺术、一种哲学、一种人生之道，才让自己从一个"街头小霸王"变成了真正的武学大师。

 ## 18 岁独闯美国，用毅力成就"功夫之王"

任何成功都不是一蹴而就的，都有一个时间和过程的积累。李小龙也是一样，为了人格、为了尊严、为了出人头地，他坚持每天跑 10 公里，坚持每天练臂力，坚持每天写心得笔记。

李小龙觉得自己在香港的一切都来得太容易，很大程度上靠的都是父亲的人脉，他想走一条自己的路。于是，19 岁的他带着 100 美元来到了美国，这是一条全新的路，要靠他自己从最底层做起。

在西雅图的日子，李小龙过的是半工半读的日子，和在香港的学习生活相对比，现在的他校外生活异常艰苦，校内却是一名出色的学生。学好知识的同时，他没有忘记自己的功夫梦想，习武从没间断过，有训练记录表明，他每天练习踢腿达到 1000 多次！他的二指俯卧撑令观看的人瞠目结舌。

李小龙通过拼搏、奋斗开创了自己的事业，创立了"振藩国术馆"，也走上了自己梦想已久的影视之路，他却因为受伤差点不能再练武。医生告诉他在床上休息，忘掉功夫，不能再练武了。对于一个曾经说过武术教会他一切的人来说，这是一个毁灭性的打击。即便这样，他不能使用自己的身体，却可以使用自己的头脑，在6个月休息的时间里，他记录了所有对他所深爱的武术的思考和一些技艺，共写满了8本笔记。6个月后，他又开始了训练，开始了教学工作。背痛时常困扰着他，但他在电影中的动作比任何一个强壮的人都要敏捷、到位，让人无法想到他是一个有背伤的人。

上天给每个人的机会是平等的，有的人一个都不会错过，有的人从不知道珍惜。李小龙的成功就是靠着坚强的毅力，从不让人生虚度、抓住每个机会造就的。

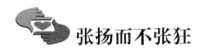 **张扬而不张狂**

"我是一个中国人！我为了替中国武术争一口气，决定把中国功夫搬上银幕，替中国武术争取光荣。"这就是李小龙的桀骜不驯、张扬好强，他从来不说自己第一，但绝对不做第二。

李小龙张扬但是不张狂，不仅仅是因为他武功确实很高，更因为他待人真诚，从来说一不二。李小龙经常找一些高手比武，他对对方的要求是："如果我打败了你，你要把你的功夫传给我。"这包含了他必胜的一种信心，同时又有他虚心向对方学习的意思，使他的张扬得到升华，比武的意境也得到升华——比武不是为了打斗，而是为了学习众家之长。正因为如此，山本武之、朴正义这两位高手和年长的人都心服口服地归到他的门下。

李小龙为自己每次打败对手而感到骄傲，却从来不伤害对手，他张扬外表下的内心是与人为善的。他用"李三脚"打败劳力士之后，大喊:"我是中国人!我是中国人!"劳力士接受记者采访时说:"如果李小龙最后一脚用全力,我就不会站在这里了。"与黄皮小子的最后一战中,观众恨透了这个卑鄙的家伙,在观众的呼声中,李小龙打得这个处处流坏水的小子眼冒金星、无招架之力,最后却生气地对裁判大吼:"怎么不下令停止比赛?"虽然黄皮小子逼李小龙立下了生死状,李小龙还是给了他生存的机会。

内敛含蓄、真人不露相是中国传统文化的精髓,而年轻好胜的李小龙总是在张扬自己,向别人证实着自己的实力。也正是这种张扬、不做第二的精神,使他成为将中国功夫传播到世界的第一人、打入好莱坞的第一人。

智慧感悟

李小龙是一个善于思考的人,他的兴趣与理想是学习功夫,他的一生都在为之奋斗。

第三十三章

不老的大哥——成龙

我是一个中国人，永远也不会忘本。

——成龙

成龙是一位多产的演员，出演过很多影片，他的打斗让许多男孩子沉迷得无法自拔。人们早已习惯他憨厚的大鼻头、温暖的笑容、眯起的小眼睛。他常常身着一身唐装，因为他热爱自己脚下的土地。在国际影坛上，他有着不可估量的地位。他的爱心影响着每一个人，在最为困苦的时候，鼓舞人们重拾信心传递温情。

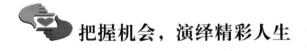 **把握机会，演绎精彩人生**

人生的舞台很微妙，即便你藏在一个小角落里，只要把握机会不屈不挠，那么，总有一天成功会青睐你。

成龙最开始只是个跑龙套的，耀眼的银幕上从来不会看到他的身影，尽管如此，他依然珍惜每一次表演的机会。现在回忆起来，成龙总会自豪地说："什么叫拍电影，我那时候也不懂。每个人都很疼我，叫我翻跟头我就翻，要我唱歌我就唱，叫我跳舞我就跳，每个人都喜欢我。"抱着这种态度，哪怕演死人的角色，成龙也能坚持长时间不喘气，终于得到导演的肯定。慢慢地，很多导演都愿意和他合作，他也有更多的机会去接触新的影片，逐渐开拓出自己的星路。

李小龙是国际功夫巨星，当初，成龙给他做过特技。一场戏拍下来，成龙被踢飞6次，摔6次，但没任何保护措施，哪怕是水泥地，也只能重重地摔下去。因此，李小龙特别欣赏成龙。谁都没想到就是这个摔出来的人，今后会和李小龙一样，成为震惊世界影坛的超级功夫巨星。

只要把握好机会，珍惜每一次难得的锻炼，认认真真演绎每一个属于自己的角色，你就会走向成功。就像成龙一样，从"跑龙套"开始，凭借惊人的努力，跑着跑着，便进入了角色，从此走上舞台中央，收获了美满的人生。

 一诺千金

"坦率地讲，我现在得到很多东西。但如果当初背信弃义，从戏班逃走，就不可能有这身过硬的武功，或者为得到100万一走了之，我的人生肯定要改写。我只想以亲身经历告诉现在的年轻人，金钱能买到的东西总有不值钱的时候，做人就应当诚实守信，一诺千金。"在一次访谈节目中，功成名就的成龙不无感慨地这样说道。

成龙开始属于邵氏的一员，但没担任大角色。有一次，业内的何先生请他出演一个新剧本的男主角，"除了应得的报酬，由此产生的10万元违约金，我们也替你支付。"何先生说完强行塞给他一张支票，便匆匆离去。成龙仔细一看，支票上竟然签着100万，好大一笔钱。从小受尽苦难的他，不就盼望能有出人头地的一天吗？很多人肯定也会猜想，这100万怎么也不会飞掉。

成龙一夜难眠，他想，如果自己毁约，手头正拍到一半的电影就要流产，公司必将遭受重大损失。于情于理，都不能这样。次日清晨，成龙找到何先生，送还了那张支票。何先生很是意外，成龙则淡淡地说："我也非常爱钱，但是不能因为100万就失信于人，大丈夫应当一诺千金。"

得知这件事后，成龙所属的公司非常感动，主动买下何先生的新剧本，交给成龙自导自演。这就是后来的《笑拳怪招》。电影上映后大获成功，创造了香港当年的票房纪录，那一年，全香港都认识了成龙以及他那难能可贵的美德——诚信。

慈善大使，希望中国没有穷人

"我希望有一天，我们也可以做到，在中国是没有穷人的。"成龙在日本建立基金会后，试图拿出钱救济日本人，可一位朋友告诉他日本没有穷人。听闻此言，感受良多的他便发誓一定尽自己所能，让中国的穷人越来越少，最后实现没有穷人。一直以来，成龙都为这个愿望而努力着。

1988 年，"成龙慈善基金会"成立，从此，慈善义举成为成龙生命和事业的一部分，在不断壮大的慈善事业中，他一坚持就是 20 多年。2004 年 8 月 21 日，成龙又和杨受成一起捐助 1200 万元人民币在中国社会工作协会成立"成龙杨受成公益慈善基金会"。作为联合国儿童基金会的大使，他把拍摄之余的时间全部献给了孩子、老人和其他需要帮助的人们，参与过上百个慈善活动，在越南、柬埔寨、印度尼西亚等地都能看到他的身影。

成龙不仅身体力行，还发动身边的朋友也这样做。过生日时，他会要求来参加宴会的嘉宾只送现金礼，在派对现场设下收款箱，客人只有放入现金后才能进入派对大厅，然后他再把这些收来的礼金原封不动地汇入成龙慈善基金，用来进行慈善活动。2006 年 5 月，成龙和阿诺德·施瓦辛格、史蒂芬·斯皮尔伯格等名人一起入选《福布斯》杂志"全球十大慈善名人"。

2008 年夏天，成龙为四川地震灾区捐善款达 1000 万元，令广大影迷感动不已。他的名字已不仅仅是一个符号那么简单，它和爱心、责任感凝聚在一起，成为一面永不褪色的旗帜，而他的形象更是日益深入人心，成为人们心中的楷模。

人们喜欢成龙，并不仅仅是因为他的功夫厉害，他已成为中国精神和文化的代言人。他的刻苦努力，他的中国心值得我们每一个人学习。

第三十四章

用口才征服世界——奥普拉·温弗瑞

如果你相信自己有朝一日可以当上总统，也许有一天你就能如愿。

——奥普拉·温弗瑞

除了一张能说会道的大嘴，奥普拉·温弗瑞曾经一无所有。黑人、肥胖、抽烟、吸毒、喝酒，苦难的童年和劣迹斑斑的往事，并没有影响她成为哈普娱乐公司总裁、全美 50 名女强人之一、20 世纪最有影响力的人物之一。

如今，身价超过 10 亿美元、笑傲全美福布斯富豪榜 500 强的奥普拉·温弗瑞似乎让我们明白了——悲惨的开始往往孕育着辉煌的未来。而选择悲惨还是辉煌，只看你是否具有一颗坚忍不拔的心。

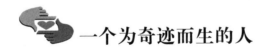 一个为奇迹而生的人

她是一个女人。

她是一个体重 200 磅的黑人。

她是美国伊利诺伊大学需要专门开设一门课程来研究的女人。

她叫奥普拉·温弗瑞。

她的一生是部精彩的美国好莱坞大片：庸俗、市井、抽烟、吸毒、喝酒、早孕；杂志封面女郎、魅力女王、20 世纪最有影响力的人物之一、《福布斯》排行榜上的亿万富翁。无法想象，这些截然相反的辞藻

会堆砌在同一个人身上！

不过，了解奥普拉·温弗瑞成长史的人都说她是一部神话，她的故事甚至已经成为 MBA 课堂量身定做的成功案例。

奥普拉在美国电视台主持的访谈节目《奥普拉脱口秀》，每天都吸引着700万的电视观众，而她与美国著名报纸杂志出版商赫斯特集团共同主办的杂志《奋斗不止》，在全球更拥有2200多万名读者。

她自开公司，旗下最著名的访谈节目《奥普拉·温弗瑞秀》以美国主妇为收视对象，话题从内衣的穿法到保护孩子不受骚扰，无所不包。连美国儿童法的确立，也有她的一份功劳。而她另一档读书节目，每月挑一本新书推荐，她选书的那一周，被称为是书市的"奥斯卡周"，某本默默无闻的小说一经她的"名嘴"，当月在亚马逊网站上的销售量，能超过大热上市的《哈利·波特》。当她宣布"奥普拉读书俱乐部"暂停选书活动的时候，整个出版界都为之一震——他们担心书籍销量因此会大幅度下降。

她只是在大导演斯皮尔伯格的电影《紫色》中客串了一个小角色，就获得了奥斯卡最佳女配角的提名。她名下的杂志《奥普拉杂志》，每周都以她这位人到中年、身体超重的黑人为封面，200多页的内容约八成是广告，但吸引了200万的读者！

奇迹！我们只能说这是一个为奇迹而生的人！但在奇迹的背后，隐藏着常人无法想象的奋斗。

 奥普拉·温弗瑞时代的到来

奥普拉·温弗瑞！

这个女人身上到底有着怎样的魔力？为什么成功总是与她相伴？

1954 年，奥普拉·温弗瑞出生在美国南方一个贫穷的黑人家庭。低矮的平房，没有水，也没有电，只有劳作后弥漫的体臭，这是一种还停留在汤姆叔叔的小屋那个年代的生活。半文盲的外婆自创"象形"

认字法，教外孙女识字。

6岁那年，奥普拉·温弗瑞离开慈祥的外婆回到母亲身边。奥普拉的到来，让母亲那些处于社会最底层的亲戚们突然之间有了发泄的理由，因为那个6岁的小女孩是如此的柔弱、如此的卑微，她像一棵长在秋天旷野上的野草，孤独而无助地打量着他们的虐待与嘲笑，而母亲不闻不问的结果直接导致了奥普拉自暴自弃地鬼混，抽烟、吸毒、喝酒、爆粗口以及在14岁时产下早夭的婴儿。

1983年，奥普拉·温弗瑞29岁，不过此刻的她，已是年薪23万美元的"脱口秀"主持人。

奥普拉生命的转折点，出现在14岁那年。

对她忍无可忍的母亲把她扫出家门，扔到父亲那里。继母命令她每周背诵20个单词，否则别想吃饭。父亲与继母一唱一和，不知是否受了电影《窈窕淑女》希金斯教授改造之风的熏陶，二人的执着让人敬畏，尤其是父亲，他制定了教育大纲，以大纲为基础来统领、构建和引导温弗瑞的成长。读书、读书、再读书，温弗瑞完成了继母布置的任务后，还要继续满足父亲的要求——每周写读书报告。

"有些人让事情发生，有些人看着事情发生，有些人连发生了什么事情都不知道。"她的童年是在黑暗中长大的，却意义非凡，温弗瑞永远记得父亲跟她说过的这句话。那时，温弗瑞就开始反省自己到底属于这几种人中的哪一种，自己是不是也应该主动让事情改变。

于是，温弗瑞改头换面，她参加了学校的戏剧俱乐部，并常常在朗诵比赛中获奖。在费城举行的有1万名会员参加的校园俱乐部演讲比赛中，温弗瑞凭借一篇短小精悍的演讲拔得头筹，赢得1000美元的奖学金。"原来光靠嘴巴也可以赚钱"，温弗瑞的"脱口秀"在这一刻显出原始积累的本能。

她真的变了，告别了少年的放荡不羁，这个洋溢着激情的女孩开始张大嘴巴为自己打拼。

上天为你关上一扇门的时候，一定会为你打开一扇窗，而这扇窗是为有心人开的。1983年，坚持不懈的奥普拉终于遇上了自己的伯乐，慧眼识珠的"AM芝加哥"电视台老板顶着压力，史无前例地以23万美元年薪聘用了这位体重 200 磅的黑人女子当《脱口秀》主持人。奇迹出现了，30 天后，奥普拉的访谈节目收视率直逼全台首位。

奥普拉·温弗瑞的时代终于到来了！

 独一无二

"奥普拉 50 岁了！" 50 岁生日前一天，《纽约时报》打出了这个大标题，"这名女子今年 50 岁，既黑，又胖，且其貌不扬、庸俗、市井、粗鄙，但有生气。"《新闻周刊》这样说："如果不是那身火红的 VeraWang 缎子礼服，走在美国街头，她基本就是一名忙于柴米油盐的普通欧巴桑，泯然众人。"

但她是独一无二的奥普拉·温弗瑞，美国"脱口秀"女王。入行 32 年，职业生涯一路气势凛然——哈普娱乐公司总裁、全美 50 名女强人之一、20 世纪最有影响力的人物之一，坐拥芝加哥、印第安纳州与南加州的 3 处顶级豪宅，身价超过 10 亿美元，笑傲全美福布斯富豪榜 500 强。

《脱口秀》节目开播 19 周年的时候，奥普拉·温弗瑞对站在台上的观众说："现在，我想告诉大家，你们站在台上是因为你们有着同一个最疯狂的梦想，这是你们每一个人都非常需要的一件东西，一辆新车。"

站在台上的每一位观众都得到了一辆崭新的庞蒂克 G6。奥普拉说，因为他们的朋友和家人在梦想卡片上写下，他们现在最需要一辆新车。奥普拉给了台上的观众一个大大的惊喜，不过，她也没忘记坐在台下眼馋了半天的观众，随后她发给台下每名观众一个小礼盒。

奥普拉·温弗瑞用煽动的口气说："如果谁的盒子里有钥匙，那么他将成为今天最后一个得到 G6 的人，一辆庞蒂克 G6。你们准备好了吗？好，现在打开盒子，一、二、三！"

台下的观众充满了期待，都希望自己是最后一名幸运观众，结

果呢？

　　打开盒子后，每个盒子里都有一把钥匙——竟然每一个观众的盒子里都有一把钥匙！在场的276名观众每个人都得到了一辆崭新的庞蒂克G6！

　　激动吧，欢呼吧，全场尖叫吧！

　　让每一个观众都得到一份这样的大礼，恐怕只有奥普拉才会这样别出心裁。八颗齿微笑加上两片厚嘴唇，这就是独一无二的，美国名流见了也要赔上几分笑脸的奥普拉·温弗瑞！

智慧感悟

　　后悔昨天，不如把握今天，亲爱的朋友们，想一想，奥普拉·温弗瑞为何会成功呢？

第三十五章

看世界，想中国——白岩松

苦难是一笔财富，每一个成功的人都会面对苦难，每一个成功的人在苦难面前都会勇往直前，永不言弃！

——白岩松

严肃睿智、文质彬彬，这是模样。

口若悬河、侃侃而谈，这是功夫。

央视荧幕上，他是名副其实的"名嘴"。

从民生、国际关系、航天技术，甚至奥运会的击剑比赛，在荧屏上，他似乎无一不通。

从香港、澳门回归、汶川地震、奥运会到"神七"升空，在中央电视台的直播间，他淡定而从容。

他就是白岩松。

 别在负面情绪中停留太久

1989 年，白岩松从北京广播学院毕业，和很多外地生一样，他首先考虑的是解决北京户口。在中国国际广播电台实习了几个月后，他被告知当年没有中文编辑的招聘计划。这像一盆冰冷的水忽地倒下来，白岩松感到彻骨的寒冷。但他打起精神，寻找一切机会投简历面试。直到有一天遇到中央人民广播电台的补招，被顺利地录用，看似有了转机，但谁知又生波折，几封匿名信让他被告知取消接收。

白岩松跑到圆明园划了一下午船。最后，他决定抓住最后的希望奋力一搏。在离报到截止时间还有5天的时间里，他寻找各种各样的证人整理各种证明材料，然后把材料送到广电部。这5天之中，他每天来回50多公里全靠单车，而且每天只吃一顿饭。终于在报名截止的最后一个下午，事情有了转机。

接下来，白岩松先是到北京郊区学习一个月，然后又下乡锻炼一年。谁知考验并没有结束，让白岩松始料不及的是，他被分配到了《中国广播报》——一份以刊登节目表为主的报纸。

"当时考进中央人民广播电台之后，我猜了15个部门也没想到会到《中国广播报》。我心里百般不乐意，有很多怨气。"白岩松后来回忆说。

但他还是走进了《中国广播报》，并很快成为这份报纸的主力编辑。

对于匿名信的事，白岩松并没有耿耿于怀，他控制住自己愤怒的情绪，冷静下来后去了那个人的家里，一起吃了顿饭，仇恨也随之烟消云散。

1993年，中央电视台推出《东方时空》，白岩松跑去兼职做策划。制片人见他思维敏捷、语言犀利，便让他试试做主持人。因为不是学播音出身，所以，他经常发音不准，读错字，为此，有一个月他被罚光了工资，还倒欠栏目组几十块钱（当时，台里规定主持人念错一个字罚50元）。当时，白岩松从《中国广播报》借调到中央电视台，如果不能胜任就要被退回去。所以，那段时间，白岩松的压力很大，经常失眠。在妻子的帮助下，白岩松慢慢调整了心态，逐渐能说出一口流利的普通话。

凭着机敏的思维，再加上一口流利的普通话，白岩松终于在栏目组站稳了脚跟。两年后，他获得了"金话筒"奖。也就是这一年，白岩松正式调入中央电视台。

在白岩松看来，遇到不顺时不仇恨、不抱怨、不在负面情绪里停留很久，这样就能看到希望，事情也会出现转机。相反，一个人在仇恨里停留太久，在抱怨里停留太久，他只能愈加不幸，机遇自然也不会光顾他。

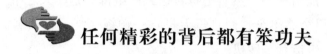 **任何精彩的背后都有笨功夫**

如果说好心态不断地给白岩松带来幸运，那么，他的勤奋便为他创造出机遇。

进入《中国广播报》，白岩松经常发表文章，评论、散文、专访和年终回顾，一篇接一篇。其中，他的年终回顾文章《回眸九一》被《新闻出版报》头版全文转载，对中国流行音乐界进行深入分析的文章《中国流行音乐现状》，被外地出版社看中，最后扩充成书。

就这样，在三四年的时间里，白岩松尝试了很多新东西，他的一些散文和评论引起了一定反响。这些文章也让更多的人认识了他，认可了他。

1993年2月，应崔永元之邀，白岩松去中央电视台做兼职。

至今回想起来，白岩松都很感谢那段时间的忙碌："没有前几年的广泛尝试，就没有后来的纵深发展。"

1993年5月1日，《东方时空》开播，白岩松担任《东方之子》主持人。此后，他当过出镜记者、做过制片人，现在又回归了主持人角色——《新闻1+1》为他量身定制。

镜头前的白岩松一直是很从容的模样，这常让人产生一种他什么都懂的错觉。但只有白岩松清楚这背后的辛苦。以航天新闻为例，从"神三"发射起他开始介入这一报道领域，"当时真是摸不着头脑，只好做了许多准备工作强行进去，然后跟进大量的专家解读"。从"神五""神六"到"神七"，慢慢地专家不在场的时候，他自己也能应付百分之八九十的问题。

他坦言"做好节目靠的是下笨功夫和苦功夫"，"任何精彩的背后都有人们的笨功夫在里头，没有无缘无故的成功"。

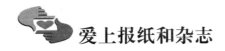 **爱上报纸和杂志**

白岩松是个十足的阅读迷。

他每天的阅读时间平均算下来至少有两到三个小时。一年 365 天，他平均每天最少逛五次报摊，以至于报摊的人都跟他很熟。

在他看来，如果说没时间阅读肯定是托词。"虽然我工作很忙，但我依然可以有大量的时间阅读。只要那些应酬你不参加就可以。有人说白岩松他们主持人肯定应酬特多，实际上我不多，每天在说不。"

阅读并非敬业，用白岩松的话来说："这是我的爱好，我的性格。我不做这一行，我一样会这样。我每天一样会上报摊，会看报。"

 **智慧感悟**

挫折、打击并不可怕，可怕的是你选择了逃避，那样你就永远无法看到成功的温暖颜色。

<h1>第三十六章</h1>

<h2>用镜头见证历史的"战地玫瑰"——闾丘露薇</h2>

我热爱记者这个职业，所以，我要为它负责。

——闾丘露薇

　　她是全球首位三进阿富汗采访的华人女记者，全球唯一现场采访第一批巴格达难民的记者。国家主席胡锦涛曾嘱咐她："事业要追求，安全要保证。"朱镕基称赞她："你很了不起，我很佩服你。"她就是凤凰卫视北京记者站首席记者，被人们称为"战地玫瑰"的闾丘露薇。

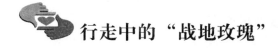

行走中的"战地玫瑰"

　　"倘若一个国家是一条航行在大海上的船，新闻记者就是船头的瞭望者。他要在一望无际的海面上观望一切，审视海上的不测风云和浅滩暗礁，及时发出警报。"美国著名报业大王普利策曾经这样诠释记者的社会定位与职责所在。

　　作为著名的战地记者，2001年"9·11"事件后，闾丘露薇在第一时间深入阿富汗前线做了现场报道。两年过后，伊拉克战争爆发，美军开始轰炸巴格达，无辜的难民们四处逃散，炮弹从旁边擦身而过，倒塌的房屋在硝烟中弥漫出层层灰土，哭喊声、呼救声此起彼伏，死亡在顷刻间降临。在那个战火纷飞的地方，我们依然看到了闾丘露薇单薄的身影和坚定的步伐，那年，她是在巴格达市区进行现场报道的唯一华人女记者。

"生命是非常宝贵的，但作为一名记者，我首先想到的是我的职业。我热爱记者这个职业，所以，我要为它负责。"赴伊拉克前，面对亲朋好友的担忧，闾丘露薇脸上露出了前所未有的坚毅。

于是，这朵"战地玫瑰"义无反顾地背上自己的摄像机出发了。2003年4月，闾丘露薇再次来到巴格达，没想到就在此时，震惊全球的"非典"暴发，恐惧如同瘟疫一样散播开来，一时间人人自危。得知消息的闾丘露薇赶回北京进入抗击"非典"第一线进行有关SARS的报道。一个月后，国家主席胡锦涛在俄罗斯访问得知她的事迹后，亲自向闾丘露薇表示慰问："事业要追求，安全要保证。"

闾丘露薇的工作和危险并存，哪里有危险的存在，哪里就有她的身影。作为一名记者，闾丘露薇从来没有惧怕过死亡："让舆论在第一时间了解事情的真相，是我的责任！"

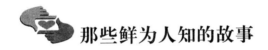 **那些鲜为人知的故事**

"你很了不起，我很佩服你。"朱镕基曾这样称赞闾丘露薇。任何光辉荣耀背后都隐藏着很多故事，或动听，或悲伤。

1969年，一个普通的小女孩出生在上海一个普通的家庭。美好的童年对她来说遥不可及，因为在她2岁那年，父母离异了，小女孩只好跟着年迈的奶奶一起生活。

这个小女孩就是后来的"战地玫瑰"——闾丘露薇。

一个是懵懂的小孩，一个是蹒跚的老人，生活的艰辛自然不必说。没有父母的呵护，闾丘露薇从小就养成了自立自强的性格。1988年，17岁的闾丘露薇以高分考取了上海复旦大学哲学系。

1992年7月，已经毕业的闾丘露薇和同学来到深圳，两个人一无所有。幸好当时海南一家汽水厂想打开深圳的市场，正在面向社会招汽水推销员，于是她们获得了这份工作。

当天下午，人们就看到两个单薄的身影出现在街上，她们拎着汽水样品，边走边喊："卖汽水啦，好喝的汽水啊……"

可是这种汽水是新品牌，人们只是好奇地观看，很少有人买。为了节省钱，她们每天只吃一顿饭，然后就背着汽水满街跑。看她们如此辛苦，一家商店的老板好心地说："天这么热，汽水冰镇一下才好。"闾丘露薇照着这个方法一做，生意果然好了许多。

就这样，风里来雨里去，她们的精神终于感动了一位酒店经理，于是给了她们一份几万瓶的进货单。闾丘露薇和同学一下赚了几千元，数着来之不易的钞票，她激动地哭了出来。

1993 年，闾丘露薇来到了香港，进入一家电台工作。1997 年，这家电视台的负责人跳槽到了香港凤凰卫视，他很欣赏闾丘露薇的能力和敬业精神，就把她带了过去。阿富汗战争打响后，凤凰卫视决定派记者前往阿富汗采访，闾丘露薇率先报了名，并成为第一个进入阿富汗的战地女记者。这朵"战地玫瑰"由此开放。

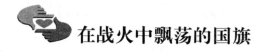

在战火中飘荡的国旗

除了穿梭在战火中，闾丘露薇还采访报道过很多世界政要和许多重大国际事件，如长江水灾、香港和澳门的回归；也多次跟踪报道过中国领导人外访活动，包括江泽民、朱镕基以及布什等，她的足迹遍布欧洲、美洲和亚洲。2001 年，闾丘露薇曾在美国华盛顿现场报道美国总统的就职仪式；2001 年她又采访报道了中国申奥成功、加入世贸及上海举行 APEC 会议三件大事。

但是不管穿梭在怎样的人群中，闾丘露薇的记忆深处始终珍藏着这样一件事情。

那是闾丘露薇去阿富汗的时候，当时战火纷飞，闾丘露薇看到中国大使馆上方飘扬的国旗已经很旧、很破烂了，于是就和大使馆的人员商量，把它收藏了起来。后来再一次去阿富汗的时候，闾丘露薇带上了一面崭新的中国国旗给大使馆换上。

"国旗是我们祖国的象征，任何时候，都不能让它失去尊严。"

现在的闾丘露薇依旧忙碌着，无数人通过她的报道了解了时事热点的第一手消息。我们的社会需要舆论，舆论监督的目的不是煽动社会公众的情绪，而是唤起社会公众的理性。在无数发掘真相的人群里，我们总是可以发现闾丘露薇的身影，而她，这枝绽放在战火中的"玫瑰"，依旧散发着坚韧、美丽的光芒。

智慧感悟

独立的女孩是最美丽的女孩。想一想，你也像闾丘露薇那么坚强、独立吗？

第三十七章

将一生献给奥林匹克——萨马兰奇

快乐地运动，快乐地生活。

——萨马兰奇

2001 年 7 月 13 日的晚上 10 点，万众企盼着萨马兰奇念出 2008 年奥运会的主办城市。对中国观众来说，这是非常重要的一刻。萨马兰奇在念出城市之前，顿了顿，然后，他平静地说："Beijing！"这时所有的华人都欢呼起来，世界每一个角落都响起华人的喝彩之声。几乎所有的观众都想去拥抱这个带来好消息的老人——萨马兰奇。

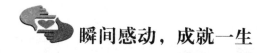 **瞬间感动，成就一生**

胡安·安东尼奥·萨马兰奇出生于西班牙巴塞罗那一个富裕的家庭，他从小在语言方面就很有天分，精通法语、英语、俄语及德语，曾任大学经济学教授和银行董事，1977 年被委任为西班牙驻苏联大使。

萨马兰奇是一名体育爱好者，他曾带领西班牙旱冰球队为西班牙赢得了内战之后的首个世界锦标赛冠军。他爱好乒乓球，在西班牙拿过混双的冠军。

1952 年，萨马兰奇作为巴塞罗那一家报纸的特派记者，到芬兰的赫尔辛基参加奥运会。在这届运动会上，捷克运动员萨托佩克先后赢得了 5000 米、10000 米和马拉松比赛 3 枚金牌。当萨托佩克在马拉松比赛中最后微笑着跑进运动场时，全场 7 万名观众不由自主地站了起来，齐声喊着他的名字："萨托佩克!"这个瞬间定格在了萨马兰奇的心中，他的灵魂被打动。人类这样相互团结、没有隔阂的场面，只有在奥林匹克运动中才能看到，他热爱这样的时刻。

此后，萨马兰奇通过体育进入政坛，他加入了西班牙国家奥委会。从 1966 年起，他成为国际奥委会的一员，1980 年，他获选为国际奥委会主席，一直在任至 2001 年退休。他在奥委会一共度过了 35 个年头。

在担任奥委会委员期间，他一直铭记着赫尔辛基的那个感动瞬间，他将推广这样的时刻作为自己的目标，努力把奥运会办成世界人民交流的盛会。虽然阻力重重，但他最终做到了。

支持中国，也是在支持奥运精神

北京奥运会已经成为过去，但它留给我们的感动和全新的体验是挥之不去的。当回忆北京奥运的时候，我们要感谢这位撮合北京与奥运的老人。

1996 年，当中国选手邓亚萍夺得亚特兰大奥运会女单冠军时，还是奥委会主席的萨马兰奇亲自为她颁奖。他笑容可掬地给邓亚萍挂上了金牌，还轻轻地拍了拍她的脸颊。这个场景让观看电视直播的中国观众感慨万千，就像是在异国他乡找到一个维护我们的大叔一样。其实，萨马兰奇从 1978 年起，就开始关注中国。

当时中国还没有恢复在奥委会的合法席位，萨马兰奇为此四处奔走，同时还竭尽全力要求中国台湾体育组织予以配合。在他看来，如果奥运会中没有中国，就不是一个真正意义上的世界性运动会，奥运会不能忽视世界上 1/5 的人。最终，中国恢复了在奥委会的合法席位，而且从第 23 届奥运会起，海峡两岸的运动员出现在同一个奥运赛场上。

萨马兰奇担任奥委会主席后，他第一次访问中国时就说："中国应该把过去在国际体育组织中失去的东西赢回来，中国应在国际奥委会中发挥越来越大的作用。"萨马兰奇积极支持中国办奥运，他不止一次在公开场合称赞中国政府的表现和北京的巨大变化。

当面对西方媒体的采访时，他总是肯定中国的变化："中国人口占全世界人口的25%，如果这个国家被排除在奥林匹克运动之外，奥运就没有意义了。由于许多人认为中国太强大，所以对这个国家颇有争议。许多人害怕中国，他们认为必须使中国刹车。批评中国很容易，但中国不仅现在很伟大，未来也很伟大。中国并非前天出生，它是世界上最古老的文明之一。"

萨马兰奇把见证北京赢得举办权当作自己一生中最重要的事情，他曾说："我想看北京的奥运会，也希望在奥运会结束之后，所有的人都会说这是最好的奥运会，希望中国队能获得最多的奖牌。"

现在，我们可以对萨马兰奇说："我们做到了，谢谢您！"

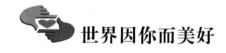 **世界因你而美好**

2000年悉尼奥运会举行开幕式时，一个不幸的消息传向萨马兰奇——夫人在巴塞罗那去世了。本来在奥运会之前，夫人就已经病重，打算办完奥运回家探望的萨马兰奇，不得不面对与妻子的永别。但是他不露声色，镇定地主持完开幕式，才赶回家与妻子告别。

几天后，人们再次看到萨马兰奇在主席台的身影，他回来了。"她休息了，我们把该做的事做完再休息。"这是萨翁对周围的人的一句安慰话。的确，对很多人来说，这可能是一生当中唯一的一次奥运会，萨马兰奇把个人悲痛放在了最后。

"在顾拜旦之后，萨马兰奇的影响力无疑远远超过了其他历届奥委会主席。他的影响不仅仅限于奥运会，而且涉及奥林匹克运动在世界上的地位。"战乱曾让奥运会一度中断，"冷战"又让奥运会无法接纳所有的人，萨马兰奇是改变这种局面的人，他将奥运会打造成了世界上最光辉灿烂的盛事，更重要的是，他唤起了人们对体育精神的敬仰。

对中国来说，通向 2008 年的道路从第一天起就充满各种矛盾。不仅全国需要为奥运会绞尽脑汁地做准备，一些政治势力也不断干扰。达尔富尔、西藏、空气污染、交通、新闻自由等问题一再被西方媒体大做文章，圣火在伦敦、巴黎差点被抢走。尽管如此，奥运会还是如期举行了。世界上有很多地方是第一次看到一个繁荣、热情、积极的中国，看到 50 万热情好客的志愿者的微笑，北京奥运会得到了全世界人民的赞誉。

融合、沟通、超越，这本来就是奥运会的本质，也是萨马兰奇的追求。当北京遭遇质疑之声的时候，萨翁挺身而出，相信为了下一个发展中国家，他也会毫不迟疑。我们为奥运流泪，更被萨马兰奇身上的奥运精神感动，世界因这位老人而美好。

第三十八章

篮球皇帝——乔丹

我可以接受失败，但无法接受放弃。

——乔丹

一个优秀的篮球运动员，尤其是得分后卫要有这样的品质：卡特的强度、科比的柔度，关键时刻要和米勒那样像一个杀手，视野最起码要和基德一样广阔，传球不仅要有斯托克顿的准度，还要和白巧克力一样具有观赏价值，速度方面，百米要在 10 秒 5 之内，至于抢断要有莫里斯·奇克斯的水平……这样的人 NBA 只有一个，他就是乔丹。

 **甘愿被超越**

迈克尔·乔丹不仅是一名球艺精湛的著名球星，还是一位胸怀宽广、欣赏自己的对手、善于向竞争对手学习的人。

很多年前的一场 NBA 决赛中，NBA 中的另一位新秀皮蓬独得 33 分，超过乔丹 3 分，因而成为公牛队中比赛得分首次超过乔丹的球员。比赛结束后，乔丹与皮蓬紧紧拥抱，两人泪光闪闪。

开始时，由于皮蓬是公牛队中最有希望超越乔丹的新秀，他自己也时常流露出一种对乔丹不屑一顾的神情，还经常说乔丹在某方面不如自己，自己一定会推翻乔丹在公牛队的首席位置之类的话。但乔丹并没有把皮蓬当作潜在的威胁而排挤皮蓬，总是以欣赏的态度处处对皮蓬加以鼓励。

有一次，乔丹对皮蓬说："我俩的三分球谁投得好？"皮蓬有点心不在焉地回答："你明知故问什么，当然是你。"因为那时乔丹的三分球成功率是28.6%，而皮蓬是26.4%。但乔丹微笑着纠正："不，是你！你投三分球的动作规范、自然，很有天赋，以后一定会投得更好，而我投三分球还有很多弱点。我扣篮多用右手，习惯地用左手帮一下，而你，左右都行。"这一细节连皮蓬自己都不知道，他深深地为乔丹的无私所感动。

从那以后，皮蓬不再把乔丹当成对手，两人彼此欣赏，成了最好的朋友。

如今的社会竞争激烈，就算是一心在校园读"圣贤书"的孩子们，也要面临考试方面一轮又一轮的筛选。在这种压力下，成绩相当的人之间也会出现一些矛盾。当有人要为难你的时候，看一看乔丹是怎样做的。能否具有欣赏别人的眼光和接纳别人的胸襟，是决定一个人竞争力大小的关键因素。包容别人，让对手超越自己，在平时的生活中我们也可以做得到。

 # 有信心不一定成功，没有信心一定失败

乔丹真正成名是在1982年的大学生篮球联赛（NCAA）冠亚军决赛上，乔丹所在的北卡罗纳大学与老牌劲旅乔治敦队角逐。那天晚上，6万多名观众到场观赛。

上半场乔丹表现平平，但是到了下半场，他犹如苏醒的睡狮，成为全场的焦点。在自己的团队最后5个投中球中，乔丹一人投中3个，还有2个球是他从对手手上"偷"来的。离比赛结束还剩32秒时，北卡队落后一分，乔治敦队以密集防守将北卡队堵在外围。教练决定将这个胜负的机会交给乔丹。在几番倒手后，乔丹面前出现一个空当，在离篮板5米以外的地方，乔丹果断地投出了手中的球，只见球像一道闪电一样越过了对手头顶，球进了！那一夜，迈克尔·乔丹这个名字响彻全美国，乔丹开始了自己的职业篮球生涯。

可以说乔丹的成名，与他大胆投球是分不开的。他曾说："只要有一次你出其不意地跳起投篮，球应声入网了，那你就能一直这样打下去。因为你成功过，你有了信心。"

信心是一切事情顺利开展的保障，即便是在不顺利的情况下，信心也可以帮我们扭转局面。在2004年的一次比赛中，乔丹正发着高烧，但他没有因此打退堂鼓，他果断地做出决定：上场，而且是充满自信地上场。回到球场的乔丹不是病人，而是"篮球之王"。他以完美无瑕的篮球技艺征服了观众，篮球史上又添了一个最经典的时刻——最后一刻，全场犹如只有乔丹一个人，就像是上帝在表演一样，所有的动作都完美无缺，充满自信的一球定乾坤，连好莱坞导演都对此惊叹不已。

无论到哪里，和什么样的高手对决，也无论在每场比赛中的处境如何，乔丹一直有意使自己随时保持一种自信的状态。每一次比赛前，他的准备几乎一成不变：寻找自信心，积蓄自信心。

虽然不能说乔丹的成功完全取决于他的自信，但自信无疑使他的球技更出神入化，让他的身体进入最佳备战状态。而我们也有这样的经验：当我们对一件事情充满自信的时候，就能发挥出超常的水平。

自信的人总能赢得更多的关注和机会。20世纪90年代，耐克公司聘请迈克尔·乔丹做其产品形象代言人，将这一举动作为回应另一运动品牌的招数。而当时耐克的国际知名度远不如它的对手。

随后几年，迈克尔·乔丹建立了他一个人的篮球时代，他的"飞人"地位无人可动摇，他拥有上至美国总统、下至平民百姓的无数球迷的敬仰和喜爱。有篮球的地方就有迈克尔·乔丹，有乔丹的地方也就有耐克的影子。有乔丹签名的运动鞋甚至引发了"抢鞋帮"的问题，乔丹一人就挽救了一个品牌！而这正是凭借他身上充满自信的王者之气。

一个人可以长相平平，可以成绩一般，但不能没有信心。每一个人一定都有与众不同之处，如果没有信心，就很难发现与众不同的自己。有信心不一定会成功，但是没有信心一定会失败。与其坐等失败，为什么不像乔丹那样，迅速地投出自己手中的球呢？

"输不丑，怕才丑。"对于一个男子汉来说，放弃就是退缩，而失败只是证明了一种方法行不通而已。乔丹在打篮球上取得的巨大成功固然需要天赋，但更与他后天的勤奋刻苦，谦虚好学和充满自信是分不开的。

第三十九章

乒乓球王国的小"巨人"——邓亚萍

我不比别人聪明，但我能管住自己。我一旦设定了目标，绝不轻易放弃。也许这就是我成功的一个经验吧。

——邓亚萍

她身材不够高，但凭借自己的凌厉球风，让许多高大的球员望而生畏。她永远充满斗志，让一切不可能的事情最后成真。她不仅是中国乒坛的骄傲，也是世界乒坛的传奇，她曾先后14次获得世界冠军头衔，连续8年在世界乒坛排名第一。同时，在学业上，她也开创出了属于自己的一片天地，她就是邓亚萍。

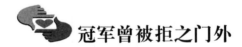 **冠军曾被拒之门外**

1973年2月，邓亚萍出生在河南郑州，父亲是一位体育教练，从小就耳濡目染的她，渐渐喜欢上体育运动，立志将来要成为一名优秀的运动员。9岁那年，邓亚萍对乒乓球产生了兴趣，"我也要当世界冠军"的想法从此就牢牢扎根在她的心里。

对于乒乓球这项运动来说，先天的身体优势对比赛影响很大，如果臂展长、跨步大，选手自身可操纵的空间和角度就有了更多的可能性。在空间、尺寸确定的乒乓球台前，手短脚短则意味着自己的防守空当的增大和自救缺陷。也许，正因为如此，10岁时，娇弱矮小的邓亚萍被河南省乒乓球队拒之门外，她只好进入郑州市队。

邓亚萍曾说："我不比别人聪明，但我能管住自己。我一旦设定了目标，绝不轻易放弃。"正是凭着一股韧劲，她埋头苦练，以罕见的速度、无所畏惧的胆识和顽强拼搏的精神，一步步向自己运动生涯的高峰迈进。

10 岁时，邓亚萍就在全国少年乒乓球比赛中获得团体和单打两项冠军，后来又如愿以偿地加入到河南省队。1988 年，邓亚萍被选入国家队，开始了她的冠军生涯：13 岁，夺得全国冠军；15 岁，获得亚洲冠军；16 岁，拿下世界锦标赛冠军；19 岁，再次捧回奥运会单双打冠军。

人生就像一次奇妙的旅程，每次成功都是对生命价值的验证，邓亚萍用自己不同阶段的成就，诠释了作为一名运动员的意义。1993 年，在瑞典举行的第 42 届世乒赛上，她和队员合作，一举摘下团体、双打两块金牌，成为名副其实的世界"乒坛皇后"。

没有什么事情不可以

"我只要能赢你的，就绝不会输给你。无论是什么样的比赛，大的，小的，只要上场，我百分百付出。"每次比赛，邓亚萍都会这样警醒自己，她明白，只要努力付出，没有什么事情不可以，人生只能由自己来决定。

训练场上，因为身材不高，邓亚萍必须付出比常人更多的汗水和努力。但她从未埋怨过或有所退缩，而是一直默默往前迈进，她要证明给所有人看，自己也可以成为一位"巨人"。一次接一次的成功，让人们看到，小个子的邓亚萍带来的只有希望。她用刻苦努力完成了常人眼中一次次的"不可能"。

球场上，邓亚萍所向披靡，成为中国乃至世界最优秀的乒乓球运动员。一记用力的成功扣杀，一句脱口而出的响亮的"漂亮"总让人们记忆犹新。她全身上下都爆发出一股强大的力量，让所有在场观看球赛的人都为之震撼。

在英文世界里，邓亚萍是一个与"巨人"同等含义的指代，有国外媒体这样评论她："Her heart is strong！（她的心很强大）。"体育是无国界的，体育精神更加穿行无阻，人们对于强者的仰慕，自古以来，从未止息。

对于邓亚萍来说，这一系列震撼人心的成功是她自己用"娇小"的身体，在一次又一次的冰与火的考验中历练出来的。

 ## 人生需要大满贯

邓亚萍曾说："如果亚运会、世乒赛和奥运会的冠军是我乒乓球生涯的三大满贯，那么清华获取学士学位、诺丁汉大学硕士毕业和取得剑桥博士，就是我要完成的另一项大满贯。"在人生的道路上，邓亚萍一直充当着拓荒者的角色，即便在体育界取得了惊人的成绩，她也没有裹足不前，而是选择了一条新的道路。

当体育赛场上一切繁华落幕后，24 岁的邓亚萍，从一个运动员变成了清华校园里一名普通的学生。对于她来说，学习同样要付出艰辛。第一天到清华大学外语系报到，指导老师就让她一次写完 26 个英文字母，在别人看来这再简单不过，可邓亚萍费尽心思才写出来。

后来，邓亚萍有了一种紧迫感，于是把自己的睡眠时间压到最少，经常学习到很晚才肯休息，早上 5 点起床，几乎苛刻地学习 14 个小时。有时，她一边走路一边看书，就连吃饭的时间都用上了。

邓亚萍不断要求自己，做作业也和完成训练课一样毫不含糊，她这种刻苦学习的精神，就连辅导老师和学友都佩服不已。通过刻苦努力，邓亚萍在取得清华大学英语专业学士学位后，又到英国剑桥大学和诺丁汉大学进修学习，并取得了中国当代研究专业的硕士学位和经济学博士学位。

赛场上，邓亚萍夺取了 18 项世界冠军，成为中国女乒第一个实现大满贯的人。求学路上，从清华学士，到诺丁汉大学硕士，再到剑桥博士，她收获人生另一个大满贯。邓亚萍一直在缔造传奇，她的人生就是大满贯。

邓亚萍的成功绝非因为她是天才，更多的是因为她的勤奋和坚持，正因如此，我们不禁要向她投去更多钦佩的目光。如果经历一次挫折就轻言放弃，在乒坛上还可能会有邓亚萍这个人吗？

第四十章

计算机时代的天才——比尔·盖茨

这个世界并不会在意你的自尊，而是要求你在自我感觉良好之前先有所成就。

——比尔·盖茨

提起世界首富，人们的第一反应就是比尔·盖茨。"计算机天才""商界奇才""财富神话""最积极的慈善家"……这些名号对于他来说，都像是水到渠成、瓜熟蒂落一样自然。13 岁开始编程，连续 13 年蝉联福布斯榜的世界首富，这个神话就像夜空中耀眼的烟花，照亮了这个时代的天空。

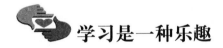 学习是一种乐趣

华盛顿州的西雅图，是美国波音公司的基地，全市职工近半数在这家公司工作，所以，人们也把西雅图称为"波音城"。它和旧金山、洛杉矶并列为美国西海岸的三大门户，也拥有当时藏书最丰富的图书馆。

长着一头浅沙色头发的 7 岁男孩盖茨，就生活在这座城市里。他最喜欢盯着重量几乎达到他体重 1/3 的《世界图书百科全书》，一字一句地从头到尾地看，常常连续看上几个小时。他常常陷入沉思，小小的文字和巨大的书本，让他感受到这是一个神奇和魔幻般的世界。文字

竟然能将未知的世界都描述一番，真是神奇！转眼他又想，人类历史越来越长，以后的百科全书岂不是越来越大了吗？那以后的孩子看起书来更辛苦了。有什么办法能造出包罗万象又便于翻阅的书呢？这个奇思妙想，后来竟让他实现了，而且比书本小许多，只要一块小小的芯片就足够。

读万卷书，行万里路，随着看的书越来越多，盖茨想的问题也越来越多。一次，他忽然对他四年级的同学说："与其做草坪里的一棵小草，还不如成为秃丘耸立的一株橡树。因为小草毫无个性，而橡树则卓然独立。"这或许就是他通过书本感悟出的人生道理。

盖茨乐于写日记，他总是随时记下自己的想法，"人生是一次盛大的赴约，对于一个人来说，一生中最重要的事情莫过于信守由人类积累起来的理智所提出的至高无上的诺言"，盖茨的诺言，就是要干一番惊天动地的大事。在另一篇日记里他又写道："也许，人的生命是一场正在焚烧的火灾，一个人所能做的，就是竭尽全力从这场火灾中抢救点什么东西出来。"小小的年纪便有这种追赶生命的意识，在同龄的孩子中是极少有的。

对盖茨来说，读书是一种莫大的乐趣，可以让他更加自如地证明自己。有一次，老师布置了一篇作文，要求四五页的篇幅，结果盖茨利用百科全书和其他医学、心理学方面的书籍，一口气写了30多页。读书让他富有知识，也让他更加乐于接受新的知识。直到现在，盖茨还保持着每年都要就一个新的问题展开阅读的习惯。

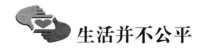 **生活并不公平**

比尔·盖茨从20岁时便开始领导微软，31岁成为当时最年轻的亿万富翁，39岁身价一举超越华尔街股市大亨沃伦·巴菲特而成为世界首富。同年，他领先通用电气（GE）公司的杰克·韦尔奇，被《工业周刊》评选为"最受尊敬的CEO"……这样一个"命运的宠儿"，送

给年轻人的忠告却是让人有点灰心的"生活并不公平"。

比尔·盖茨曾经说过:"公平不是总存在的,在生活、学习的各个方面总有一些不如意的地方。但只要适应它,并坚持到底,总能收到意想不到的成效。"他自己的经历也最能说明这句话。

比尔·盖茨读中学的时候,他接到全国最大的国防用品合同商TRW公司的电话,要他去面试。为了实现自己的梦想,比尔·盖茨征得学校的同意后,做了3个月的"临时工作"。3个月后,盖茨回到学校,迅速补上3个月中落下的功课,并参加期末考试。对他来说,电脑当然不在话下,他毫不担心,其他功课他也很快赶上了。但他的电脑课老师只给了他一个"B",原因当然不在于他考试成绩不佳——他考了第一名——而是他从不去听这门课,在"学习态度"这条标准中被扣了分。这是盖茨第一次体会到"不公平",但他并没有抱怨什么,而是接受了这种现实,集中精力做数据的编码工作。他因为梦想离开了哈佛,但生活总是有取舍,不久之后,他成了名副其实的电脑程序员,具备了坚实的编程基础和丰富的经验。

但是要成为一名商人,实力只是一个方面,要配合别人,同时也要保全自己的利益,其中必然有种种不公平的竞争。盖茨始终坚持自己的态度:接受不公平,改变自己。就是这样,他最终成就了自己。

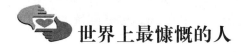

世界上最慷慨的人

用"富可敌国"一词来形容盖茨并不为过,他的财产超过400亿美元,但盖茨夫妇生活很俭朴。他们在西雅图郊区有一座高科技的豪宅,据去过盖茨家的人介绍,豪宅并不是常人想象的富丽堂皇的样子。"我要把我所赚到的每一笔钱都花得很有价值,不会浪费一分钱。"的确,他将自己挣来的钱用在了最有价值的事业——慈善。

盖茨在慈善事业上的作为,用数字就可以说明:迄今为止,他已经向慈善事业捐出了超过290亿美元。"巨额财富对我个人而言,不仅是巨大的权利，也是巨大的义务。"在庆祝自己 50 岁生日的时候，盖茨当场宣布，他准备把自己的私人基金会的财富全部捐献给社会，而不会作为遗产留给自己的儿女。

在盖茨的遗嘱中，他拿出 98% 的财产给予他和妻子名字命名的比尔及梅琳达·盖茨基金会，这笔钱用于研究艾滋病和疟疾的疫苗，并为世界贫穷国家提供援助。在近年来的重大慈善活动中，此基金会出手大方，曾向纽约捐款 5120 万美元，用以建立 67 所面向少数族裔和低收入阶层子弟的中学；捐资 1.68 亿美元，帮助非洲国家防治疟疾；向非洲南部的内陆国家博茨瓦纳捐资 5000 万美元，帮助那里防治艾滋病……

比尔及梅琳达·盖茨基金会目前已成为世界上最大的慈善基金会，它资助医学家着手研究艾滋病、疟疾、肺结核、癌症等疾病的治疗途径，向非洲、亚洲等发展中国家大力捐资；创建更多的面向家庭条件不好的孩子的中学，并且资助贫困的大学生；同时努力让所有的人，不分种族、性别、年龄或贫富，都能从网络上获取信息，扩大互联网的普及；对于盖茨的老家，基金会特别关照当地生活困难的人。

可以想见，分享这位世界巨富的财产的，是那些生活在贫困之中的病人、孩子、老人和还用不上互联网的人。他用一个人的力量，改变了世界上许多贫困人的命运，这才是他最了不起的一面。

智慧感悟

没有天生的世界首富，也没有注定的幸与不幸，用能力来证明自己，这是社会唯一遵守的法则。

第四十一章

改变世界的人——史蒂夫·乔布斯

带着责任感生活，尝试为这个世界做点有意义的事情，为更高尚的事情做点贡献。这样你会发现生活更加有意义，生命不再枯燥。

——史蒂夫·乔布斯

几乎没有人不知道被咬了一口的苹果的那个标志，而且，在电子领域，"苹果"代表着一种身份和性格，也是奢侈的象征。很多人对这个品牌趋之若鹜。其实值得珍藏的，不仅是这个品牌，还有它的创始者史蒂夫·乔布斯的经历。他创造了"苹果"，掀起了个人电脑的风潮，改变了一个时代，却在最顶峰的时候被封杀。12 年后，他又卷土重来，重新开始第二个"史蒂夫·乔布斯时代"。

 "超人"的出走与归来

乔布斯刚出生，就被父母遗弃了。幸运的是，洛杉矶的一对好心夫妇收留了他。乔布斯聪明、顽皮，学习成绩也十分优异。

由于童年在著名的硅谷附近度过，从小耳濡目染，他也渐渐迷恋上了电子学。在一次聚会中，乔布斯第一次见到了电脑，几乎是一见钟情，从此他开始了自己的电脑研发之路。

21 岁那年的愚人节，乔布斯和朋友在家中的仓库里签署了一份合同，决定成立一家电脑公司。由于乔布斯偏爱苹果，他就给电脑起了一个名字——苹果。他们的自制电脑"苹果1号"在电脑圈子里的影响很大，但是人们还在观望，希望有更加轻巧的2号、3号出炉。果然，乔布斯和朋友们痴迷着将电脑做得更加方便，加上刚好有著名的推销大师的资助和亲自推销，"苹果"的第一仗打得很漂亮。

1985年，乔布斯获得了由里根总统授予的国家级技术勋章。然而，乔布斯的经营理念使他在当时成为一个异类，加上电脑行业的大哥大IBM公司也开始推出了个人电脑，苹果公司开始节节惨败，乔布斯便成了这一失败的"替罪羔羊"，董事会决议撤销了他的经营大权，于是他愤然离开了。

乔布斯离开后，苹果的形势未见好转。而乔布斯很快便开始了自己的又一次创业，他创办了"Next"电脑公司。

由于苹果坚持自己的封闭性，使用苹果电脑的人必须使用与它相配套的程序，这种"捆绑式"的销售让很多喜欢苹果电脑的人望而却步，因为使用者必须适应电脑，而不是电脑适应人。

12年之后的圣诞节前夕，全球各大计算机报刊的头版头条上都出现了一则新闻："苹果收购Next，乔布斯重回苹果。"重新归来的乔布斯，因他的公司（现皮克斯）成功制作第一部电脑动画片《玩具总动员》而声名大噪。苹果公司上下都将乔布斯视为大救星，乔布斯的境遇也和当年出走时完全不一样了。

危难之际，乔布斯果断地进行了大刀阔斧的改革。他改组了董事会，抛弃旧怨，与苹果公司的夙敌微软公司握手言欢，乔布斯因此再度成为《时代》周刊的封面人物，苹果公司也逐渐走向光明。

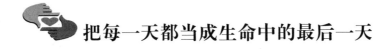
把每一天都当成生命中的最后一天

在硅谷，没有人比史蒂夫·乔布斯的经历更具有传奇色彩。他是美国工程院唯一一个没有在大学读完一年书的院士。乔布斯只读了半年大学，又旁听了一段时间，然后就彻底离开了学校。他入选院士的原因是"开创和发展个人电脑工业",虽然没有接受太长时间的正规教育,但这并没有成为影响他成功的绊脚石。

在斯坦福大学的毕业典礼上,乔布斯对新生做了一番演讲。这是一次坦诚而有效的演讲,很多年轻人从他的话语中得到了新的启示,他的话对于现在仍然感到迷茫的年轻人来说,具有雪中送炭的意义。

他说自己在17岁那年,曾读过一句格言,大概内容是:"如果你把每一天都当成生命里的最后一天,你将在某一天发现原来一切皆在掌握之中。"这句话对他产生了深远的影响。从此,他每天早晨都对着镜子问自己:"如果今天是我生命中的最后一天,我还愿意做我今天原本应该做的事情吗?"当一连好多天答案都是否定的时候,他就知道应该调整自己的生活了。

其实,就在乔布斯做演讲的前一年,他被诊断出得了癌症。他的胰脏出现了一个肿瘤,医生告诉他,几乎可以确定这是一种不治之症,顶多还能活3~6个月。

一切都来得太突然了,这意味着他得把今后要对子女说的话用几个月的时间说完,还意味着他向众人告别的时间到了。然而,事情又出现了转机,有一天早上医生给他做了一个切片检查。发现他得的是一种非常罕见的,可以通过手术治疗的癌症。

这是他生命中最接近死亡的一次,与死神擦肩而过的经历,让他更加明确自己的生活和目标了。他不想再浪费生命,去做没有意义的事情。

"不久的将来你们也将逐渐老去,时间有限,所以不要把时间浪费在重复其他人的生活上。不要让他人的观点所发出的噪音淹没自己内心的声音。最为重要的是,要有遵从自己内心和直觉的勇气,它们可能已经知道你其实想成为一个什么样的人。其他事物都是次要的。"

把握好现在,这对我们来说是最明智的选择。很多年轻人感到自己还有很多时间和精力,总是抱着得过且过的态度,但是要想获得成功,就要有一种危机意识。生命是短暂的,只有走好眼前的路,人生才是有意义的。

智慧感悟

很多年轻人很容易走进追问生命意义的纠结当中。其实，生命的意义正是自己赋予的。

第四十二章

华人首富——李嘉诚

大多数人想要改造这个世界，却罕有人想改造自己。

——李嘉诚

李嘉诚这个名字对年轻人来说虽然耳熟，但是可能很多人并不知道他的身份。他拥有众多国家的荣誉头衔，当然也有很多资产，但最重要的是，他的影响力——他从香港开始发展，成为今天亚洲最有影响力的富人之一，也是全球的风云人物。他被称为华人中的比尔·盖茨，是众多企业家的偶像。他对中国的经济发展作出了巨大贡献。这样一位戴着黑框眼镜，笑容可掬的老人，其实也曾是一个追梦少年。

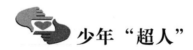 少年"超人"

1928 年在中国历史上是不安的一年，第一次国共合作结束了，两党从战友变成了敌人，各地有势力的军阀各自为政，全国没有统一的政府组织；在这一年，武汉大学成立，清华大学正名；起义和工人运动此起彼伏……在这样的背景下，李嘉诚出生了。

李家可以说是书香世家，家族的治学风气甚浓，父亲是一位小学老师，平时注重培养儿子读书习字。虽然世局动荡，但李嘉诚在家人的照顾下依然过得很快乐。

然而，安宁祥和很快被打破了。1939 年日本开始袭击我国。日本的飞机整日整夜对潮州地区狂轰滥炸，潮州城一片废墟。李氏一家在流弹硝烟中，步行十几天辗转到香港避难，一家人寄居在舅父家里。祸不单行，这时候李嘉诚的父亲李云经因劳累过度不幸染上肺病，家人的生活更加拮据了，两年以后，作为全家支柱的父亲撒手归西了。14 岁的李嘉诚从此结束他的学业出来谋生，他知道自己是母亲和弟妹们的希望。

他先在舅父庄静庵的中南钟表公司当泡茶、扫地的小学徒。他每天总是第一个到达公司，最后一个离开公司。本来漂泊异乡、寄人篱下的打工糊口生活已经非常辛苦，他还依然坚持不懈地学习。他除了《三国志》与《水浒传》，不看小说，不看休闲读物。晚上收工了，他在昏黄的灯光下看着一本旧《辞海》，自己摸索教学，有模有样地给自己上课。

很快 3 年过去了，他跳槽到一家五金制造厂以及塑胶带制造公司当杂役。有一天，老板需要人帮他写信，刚好工厂文书请病假，老板就问："哪个人比较会写信，字写得好一点？"四五个职员都指着李嘉诚说："叫他写，他每天都念书写字。"李嘉诚立即动手写了好几封信。信寄出去之后，老板的朋友非常欣赏，问他："你这位先生是什么时候请的？比原来的要好。"这让老板对李嘉诚刮目相看，很快就把他从做杂役的小工提升为货仓管理员。"知识改变命运。如果没有一点文学底子，写信慢，也未必通顺，后来也得不到那个职务。那个职务让我懂得货品的进出、价格，懂得管理货品。"

李嘉诚在货仓管理员的位置上并没有待多长时间，便转为走街串巷的推销员。为了省钱，推销时他很少坐车，"我 17 岁就开始做批发的推销员，就更加体会到挣钱的不易、生活的艰辛了。人家做 8 个小时，我就做 16 个小时。公司内的推销员一共有 7 个，都是年龄大过我而且经验丰富的推销员。但由于我勤奋，结果我推销的成绩，是除我之外的第一名的 7 倍。这样，18 岁我就做了部门经理，两年后，又被提升当总经理。"难怪后来人们称李嘉诚为"超人"，这样的速度和能力，不是超人是什么？

 中年商人

　　开始创业的李嘉诚遇到过很多问题，但他受到母亲的影响，一直将诚实作为自己做人做事的根本。有一次，他经营的工厂亏损严重，作为领导人，他承认自己经营失误拖垮了工厂，他希望大家能共渡难关，一起谋求发展。紧接着，他又逐一拜访银行、原料商、客户，向他们道歉，并保证在宽限的日子里一定偿还欠款。他丝毫不隐瞒工厂面临的巨大危难，因为随时都有可能倒闭，他恳切地向对方请教渡过难关的方法。

　　他诚恳的态度得到了大多数人的谅解，李嘉诚也获得了挽救企业的机会。1955 年的一天，李嘉诚召集员工聚会，他首先向员工深深地鞠躬 3 次，感谢大家的精诚合作，然后用难以抑制的喜悦之情宣布："我们厂已基本还清各家的债款，长江塑胶厂已走出困境，将进入柳暗花明的佳境。"话音刚落，员工们全部沸腾起来。散会前，每个员工都得到一个红包，由李嘉诚亲自发放，他要感激这些同甘共苦的"战友"。

　　李嘉诚的塑胶花生产一直是国际领先的，但是在意大利"偷师"之后，销售成了李嘉诚的一大问题。为此，他四处奔波，终于找到一位批发商。对方非常豪爽，只是在最后提出的条件让李嘉诚犯难了：他要李嘉诚必须有实力雄厚的公司或个人担保，才能完全放心。然而当时的李嘉诚正面临资金问题，也找不到这样的担保人。

　　第二天，他来到批发商住的酒店，默默拿出样品，放在批发商面前。样品一共 3 组，每组 3 种款式：一组花朵、一组水果、一组草木。批发商全神贯注看了十几分钟，尤其对那串紫红色葡萄爱不释手。随后，批发商将目光转移到李嘉诚熬得通红的双眼上，用欣赏的目光打量着眼前的这个人。批发商当时只想订购 3 种产品，结果，不到一天时间，李嘉诚就拿出样品，而每一种产品都设计了 3 款样式！

批发商告诉李嘉诚，这 9 款样品，是他所见到过的塑胶花中的极品，简直挑不出任何毛病，他们可以谈生意了。双方很快签了第一单购销合同，李嘉诚打开了欧洲市场。

"信誉，诚实，是我的第二生命，有时候比自己的第一生命还重要。"人如其名，李嘉诚用自己诚实守信的道德准则，构筑起了自己坚实的商业帝国。

 **晚年慈善家**

2008 年 5 月 12 日，四川省汶川县发生里氏 8.0 级地震。李嘉诚得知灾区学校遭受严重破坏的消息后，第二天就向灾区捐资 1000 万元人民币，通过教育部帮助灾区学校进行灾后重建。不久，李嘉诚再以李嘉诚基金会、长江集团及和记黄埔集团的名义捐款 1 亿元人民币，用于为灾区学生设立特别教育基金，加上此前李嘉诚教育基金共捐出的 3000 万元人民币，李嘉诚的捐款已达 1.3 亿元人民币。

作为华人首富，普通人可能觉得 1.3 亿人民币元不算什么，但是李嘉诚在慈善上的投入，也绝对不止 1.3 亿元人民币。1980 年，李嘉诚创立了基金会，一直致力于公益事业。李嘉诚基金会及由他成立的其他慈善基金会对教育、医疗、文化及公益事业支持的款额达 107 亿港元。李嘉诚旗下企业集团也长期捐资，参与社会公益项目。李嘉诚自小喜欢读书，他也希望所有的孩子都能有条件上学读书。现在，很多孩子都可以在李嘉诚资助建设的学校读书上课，并且走出自己的家乡，到更广阔的地方求学、工作，可以说投资教育，就是在为社会减少一个文盲，多一个文化人。

李嘉诚不仅是积极捐款的慈善家，也是关心身边人的大好人。当塑胶花早过了黄金期，根本无钱可赚的时候，李嘉诚仍然坚持要运营塑胶花工厂。开发商对他的工厂垂涎欲滴，如果将工厂改造成商业大厦，无疑更有经济效益，但是李嘉诚不为所动。面对别人的不解，李嘉诚说："以前的老员工需要生计，而且也已经习惯了这个厂，哪怕不赚钱，我也要将这个工厂办下去。"

李嘉诚从来不限制员工的出入，但是多年以来，他旗下的公司很少有人更换。为什么大家都愿意和他在一起？"有能力回报社会和身边的人，我感到很荣幸。"李嘉诚的慈善之心也许是最好的答案。

智慧感悟

好高骛远、眼高手低是现在年轻人的通病。怎样能从改变自身来改变现状，才是我们最应该思考的事情。

第四十三章

商界铁娘子——董明珠

书里的人是人，我们也是人，为什么不能像书中的人一样生活！

——董明珠

她优雅干练、雷厉风行，既有坚定的原则，又深谙妥协通融之道。在波诡云谲的商场上，她游刃有余，让对手们又爱又恨。她就是用"中国制造"创造世界纪录的董明珠。

"世界十大最具影响力的华裔女企业家""全球商界女强人50强"的入选，对企业的炽热感情、一身正气的泼辣作风，以及对事业的执着追求成就了这颗东方明珠。

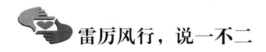 雷厉风行，说一不二

"忠诚、友善、勤奋、进取"，是格力的企业精神，可是在格力，董明珠却是一个出了名的"六亲不认"的人，所以当她强调"任何人不得以任何理由破坏以上机制"的时候，了解她的人就应该明白，这绝对是说一不二的事情。

1995年，上任伊始董明珠就规定办公室里"上班时间不许吃东西，一经发现，第一次罚50，第二次罚100，第三次走人"。大家都以为她只是说说而已。一天，董明珠走进办公室，发现8名员工正在吃东西，仅过了10秒钟，下班铃就响了。董明珠毫不客气，对每人罚了50元。

大家目瞪口呆。董明珠说，"只要违反原则，再小的事，都是大事，都要管到底。"

不过，坚持原则并不等于不近人情。有一天，一名女员工因违反制度规定被罚了 100 元。可是，这名女员工的丈夫常年在外地跑售后，她一个人带着孩子过日子，夫妻俩收入都不高，100 元对她来讲是个不小的数目。董明珠悄悄找到这位女员工，塞给她 100 元钱，说："这是我私人的钱，给你补上。记住，明天一定要把罚款交上去，以后工作不要再马马虎虎了。"董明珠为了坚持原则，宁可自己掏腰包补上他人的罚款！

经过多年的努力，董明珠领导的格力电器连续 9 年销量和销售收入、市场占有率居全国同行业之首，纳税超过 25 亿元。其独创的区域销售公司模式，被经济界和理论界誉为"21 世纪经济领域的全新革命"。此后不久，格力电器公司连续 3 年入选美国《财富》杂志评选的"中国上市公司 100 强"，并被国际最负盛名的投资银行——瑞士信贷第一波士顿评为"中国最具投资价值的 12 家上市公司"之一。董明珠的自传《棋行天下》也在业界引起了轰动，并被中央电视台改编为连续剧在黄金强档推出。

 ## 永远把别人的利益放在第一位

"只要你是真心的，只要你是对社会负责任的，只要你不是把个人利益摆在第一位的，你就能成功。"董明珠这样说。

1995 年，董明珠上任后面对的第一个问题是如何处理在隆冬时分积压下的那 19000 套空调。以往大家的做法是每台降价 300 元卖出了事。董明珠说："不行，正常产品降价有损形象。"她出人意料地把积压空调分摊给每个经销商。她敢这样做，是因为多年以来她与经销商彼此真诚相待，经销商愿意为她分忧解难。

1954 年 8 月，董明珠出生在江苏南京，36 岁时，她南下打工，成为珠海格力电器股份有限公司江苏安徽片区业务经理，11 年后，成为总裁兼副董事长。

任职期间，董明珠削减了营销业务员，把节省下的高达亿元的业务费全部拿来贴补经销商。1995 年，格力开创先河发明"年终返利"，将 7000 万元利润返还给了各地的经销商。

1 年后，空调淡季，格力靠淡季返利拿了 15 亿元的回款。在淡季价格战中，各个品牌都纷纷降价，但董明珠规定格力 1 分钱也不降。到了 8 月底，格力意外宣布拿出 1 亿元利润的 2% 按销售额比例补贴给经销商们。于是在空调业最困难的 1996 年，格力的销售反而增长了 17%，第一次超过了空调大户春兰。

永远把别人的利益放在第一位，也许，这就是这位女强人这么多年来都能笑傲商界的原因吧。2003 年 1 月，董明珠当选为第十届全国人大代表；2005 年 11 月，她再次荣登美国《财富》杂志评选的"全球 50 名最具影响力的商界女强人"榜；2006 年 3 月，她更是荣获"2005 年度中国女性创业经济大奖"。

别样的美丽女人

"刀子嘴豆腐心"，这是经销商和员工们对董明珠的评价，在公司里，员工们都亲切地称董明珠为"董姐"。

生活里的董明珠和其他普通女人一样，爱穿漂亮的衣服、爱打扮自己，不过在她的衣柜里我们找不到一件职业装。"为什么要穿白领套装？我喜欢自由自在漂亮的衣服。"董明珠大大咧咧地说。

董明珠还喜欢看书，就是在出差的路上，她也不忘翻上两页，"把别人的智慧化为自己的能力是一件很不错的事情"。就是这样，站在我们面前的是一个真真实实的董明珠，没有一点成功人士的架子，也没有一点不应该有的浮躁。

经过了这么多年，董明珠的笑容越发显得灿烂，当别人问起为何打拼到现在的时候，她笃定地说："我做的一切事，都是为了证明自己的能力。我想我们如果能像日本、韩国一样，每个人都在岗位上忘我工作，认真去为一种民族的精神努力，国家就会富强。"

董明珠就是这样一个别样的美丽女人，相信她的天空会更高、更远！

智慧感悟

不论何时，都要做一个坚持原则的人，想一想你能做到吗？

第四十四章

不懂电脑的第一网虫——马云

　　等你什么时候能看别人惨败的经验，看得一身冷汗，你就离成功不远了。

——马云

　　英国首相布莱尔在一次访华之旅时，点名要见中国的马云，因为马云正在改变全球商人做生意的方式。马云是中国第一位上《福布斯》杂志封面的企业家，他还是比尔·盖茨、克林顿和布莱尔的朋友。"我不喜欢看成功经验，我喜欢看失败经验。"虽然如此，我们还是要来看看马云的成功经验。

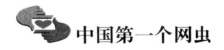 中国第一个网虫

　　1995 年，在一所学校任教的英文老师马云走过了而立之年。他被评为杭州的十佳青年教师，有希望成为学校的外语教研室主任。因为英文翻译上的专长，这年年初，马云被邀请赴美做商业谈判的翻译，正是在这次谈判中马云初次接触到了互联网，并且在朋友的帮助下建立了第一个中国企业的网站——属于马云与朋友一起成立的海博翻译社。

　　对马云触动极大的是在建立翻译社网站后一个下午的时间，他就收到了来自日本、美国、德国等地的 4 封咨询邮件，由此马云感到，互

联网必将改变世界。

回国之后的马云，决定辞职专事互联网。辞职前的一天晚上，他请来了24位好友一起商讨怎样做互联网，但他的演讲是失败的，没有人知道他在说什么，朋友们问的问题他一个也答不上来。最后，23个人一致反对，仅剩的一个抱着同情的态度支持他试一试。就这样，马云开始了自己的互联网生涯。

在亲戚朋友的捐助下，马云创办了中国第一家互联网商业网站——中国黄页。3个月后，与杭州临近的上海开通了互联网，专门为小公司做网站的公司还只有马云一家。不到3年，马云就成功积累了500万元资本，并在国内有了一定知名度。

1997年，马云应邀为政府建立了外经贸部官方网站、网上中国商品交易市场、网上中国技术出口交易会、中国招商、网上广交会、中国外经贸等一系列国家级站点。这次经历成为马云互联网生涯的又一个转折点，他开始筹划一个发布小企业信息的综合网站。

1999年9月，马云的阿里巴巴横空出世，虽然在当时主页网站风靡的浪潮中有点另类，但就在当年年底，马云的6分钟演讲赢得了一笔3500万美元的投资。

一切似乎都水到渠成，1999年年底，阿里巴巴的会员就达到8.9万个，并且成为首个宣布赢利的com企业；2000年达到50万个；2001年是全球互联网的严冬季节，阿里巴巴成为全球首家超过百万会员的商务网站；2003年，阿里巴巴的会员总数已经超过350万个，成为中国互联网当之无愧的"航空母舰"。

"我跟 80% 的人一样蠢"

马云被人誉为"中国互联网之父"，他应该对互联网行业无所不能、无所不知吧？不然怎么将阿里巴巴做得如此出色？其实不然。

至今，马云对互联网方面的技术还心存恐惧，正因为自己的恐惧，他和工程师从来没有吵过架，他们说的马云听不懂，马云说的他们也听不懂。但是马云因此反而很自信：正因为自己不懂技术，反而使阿里巴巴获得了一定程度的发展，并且发展速度越来越快。

其实，在计算机方面，马云自认为他只会做两件事：收发电子邮件和浏览，其他的没有了，连在网上看 VCD 也不会，电脑打开就特别烦，拷贝也不会弄，他就告诉工程师，人不能为技术服务，再好的技术如果不管用，也是徒劳的，要扔掉。所以阿里巴巴的网站很受欢迎，受普通企业家的欢迎，原因就是马云自己做了大概一年左右的质量管理员，工程师写的任何程序马云都要试试看，如果他发现不会用，赶紧扔了。马云说 80% 的人跟他一样，不会用的。

马云第一次玩电脑是 1995 年年初，在美国西雅图。他当时觉得这个东西太贵了，生怕万一弄坏了电脑，几个月的工资就没了，以至于朋友笑话他说这又不是炸弹，鼓励他按一下看看。"技术是为普通人服务，人不能为技术服务，技术必须为人服务。"这是马云的观点，他认为在这个世界上，80% 的人对技术的理解和他一样，他们又爱技术，又怕技术；怕技术，又不敢玩电脑。

马云说，他不想看说明书，也不希望别人告诉他该怎么用。他只要点击，打开浏览器，看到需要的东西他就点。如果做不到这一点，那对方就有麻烦了。正是由于马云自己不懂网络技术，因此，每次做出来的程序，都经过"马云测试"，这大大简化了阿里巴巴网站中各种功能的使用方法。

"闻道有先后，术业有专攻"，马云就负责领导规划，技术人员就只管技术。"外行是可以领导内行的，关键是要尊重内行"，这是他总结出来的很重要的一点。自己不懂技术，可以把优秀的技术人员请来；自己不懂财务，可以把好的财务官请来；自己不懂管理，可以把好的管理者请来。因为自己不懂，就永远跟专门人才吵不起架来。不知道并非缺点，精通有时反而成为局限。对企业家来说，有技术背景是重要的，但不是必不可少的，领导、管理和经营能力才是最重要、最稀缺的。

智慧感悟

失败是成功之母，别人的失败也可以成为自己成功的基础。

第四十五章

成功一路响当当——俞渝

　　一个人每天都想往上跳一跳，和一个人每天都不跳，日积月累的变化是非常明显的。看一下小学、中学、大学到研究生的同学，走过了 20 多年，每天都跳一跳的人和不跳的人肯定是不一样的。

——俞渝

　　她是全球最大的中文网图书商城当当网的 CEO，这位个子不高，柔和的女士，举手投足间流露出一种睿智与成熟。

　　当互联网这个行业在浮躁和残酷的迷雾中徘徊的时候，她的理性平和恰如洗净浮尘的细雨。2001 年 2 月，她获得了"中电通信杯 2000 年中国 IT 十大风云人物"提名；2003 年 4 月，她将《英才杂志》评选的"年度财智女性"称号收入囊中；数年后，她又成为腾讯网评选的"2008 影响中国"的女性之一。她就是当当网的掌门人——俞渝。

 俞渝响当当

　　2008 年 10 月 30 日，腾讯网"2008 影响中国女性论坛"在北京盛大召开，近 10 位知名女性，与到场嘉宾深入探讨"中国女性影响力"话题，探寻女性力量在中国社会的独特影响力。

　　入选"2008 影响中国"的 10 位女性中就有俞渝。

　　1996 年，互联网方兴未艾。俞渝凭借自己在融资方面的实践经验，

进行风险投资，她希望在国内创办一个像亚马逊那样的网上书店。俞渝说："当时，我们的目标是中国互联网上的网民数达到 300 万人，就开始推出我们的网络图书发行计划。"这个时机让她一等就是 3 年。1999 年 11 月，由美国 IDG 公司、卢森堡剑桥集团、日本软库和中国科文公司共同投资，当当网上书店开张了。

成功并没有人们想象的那么简单。作为女性，俞渝在发展事业的过程中遇到了比男性更多的阻力与困难。

2001—2002 年，正当互联网神话破灭的时候，俞渝感觉到了巨大的压力和孤独感。但幸运的是，业务基本没有受影响，一直在增长。2001 年，由于对网上直销失去信心，有超过半数的职业经理人离开当当；2003 年，因为与股东在管理层持股比例方面的分歧，俞渝夫妇也面临留下还是离开的抉择。

"在创业之初，我们一点儿经验都没有，犯了很多非常低级的错误，但是这些错误换来了非常有价值的经验，这些经验对以后的经营管理都非常有意义。"在经历了这些以后，俞渝带领当当网在 2003 年基本达到了盈亏平衡，2004 年的销售额已经与北京西单图书大厦不相上下，占整个网上零售份额的 40%。在此基础上，当当网保持了 200% 的增长速度。

2005 年年初，当当网进军百货市场，走多元化的路线，除了图书、音像外，还经营家居、化妆品、数码、饰品、箱包、户外休闲等商品；2006 年，当当网 C2C 业务正式上线。截至 2007 年，每天有上万人在当当网买东西，每月有 2000 万人在当当网浏览各类信息。仅在北京，一个月上当当网的人就有 200 万人左右，而北京网民的总数是 480 万人。因为有杰出的表现，2001 年 2 月，俞渝获得了"中电通信杯 2000 年中国 IT 十大风云人物"提名；2003 年 4 月又将《英才杂志》评选的"年度财智女性"称号收入囊中。

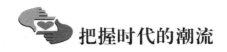 **把握时代的潮流**

今天，当当网已成为中国最繁忙的音像、书籍和音乐网站，也是全球最大的中文网上图书、音像商城。但好强的俞渝并不满足于现有的成绩，她还要扩大当当的经营规模。俞渝说自己好强的性格跟在华尔街的5年打拼有关："海归都被资本家修理过，会变得很韧，而且学习能力很强。"

1965年5月，俞渝出生在重庆。22岁她离开故乡到美国留学。1992年，俞渝获得了纽约大学工商管理学院金融及国际商务MBA学位，并代表毕业生在毕业典礼上致辞。一次，俞渝读亚马逊报表的时候，发现亚马逊对于销售额、费用做得相当细致，这使得她悟出了网络经济的精髓。

传统经济模式的变革必会在网络中获得更多的东西。"如果你是一个传统的生产型企业，互联网络会改变你过去靠传真和电话收集、沟通信息的方式，产品销售也可以在一个更加开放的广域的订单处理系统上完成。互联网必将改变传统的业务流程、信息流程、决策过程。"

把握了时代的潮流，成功便会不请自来。俞渝就决定先从建立中国的可供书目数据库开始入手，进行为期3年的工作。此项工作成果显著，不仅成为一个独立的数据库产品，而且引起了投资商的兴趣，于是当当网应运而生。

如今，当当网收到的网上订单既有来自国内各省、市、自治区包括台湾和香港，以及偏远欠发达地区的，也有来自美国、巴西、匈牙利等海外华人的，网站在海内外都产生了较大的影响。俞渝说她最大的心愿就是今后要把当当网做得更大、更好，给出版商和读者提供最满意的服务。

"量体裁衣"的"拿来主义"

"我觉得人是需要榜样的，公司也需要榜样，在我的心目中，亚马逊这样的大公司可以做当当的榜样。"有很多人一度认为当当网的成功只是完全拷贝了亚马逊的模式，自身没有任何创新。的确，西方大公司有很多地方值得我们借鉴，但一味地"拿来主义"是不可能成功的。当当网的成功在于它在借鉴成功前辈的经验时，根据中国的国情，走了一条有中国特色的道路。

俞渝认为当当网在很多方面开创了自己独特的模式。比如美国网上交易系统十分发达，结账普遍采用电子方式，而在中国尚不具备这样的条件，再加上中国消费者对于电子购物信任度的关系，全部采用网上电子付费是不合人心的。所以，当当网采用了货到付款的模式，同样体现了网络购物的方便。国内没有德国、美国那样覆盖全国的完整物流体系，当当网就采取了和地方快递公司一个一个结盟的方式。现在当当网能够在全国66个城市进行电子商务业务，依赖的就是许许多多的小型快递公司。

在中国做事就要认同中国的现状，适应中国的国情，"量体裁衣"就是当当网的优势。这条具有中国特色的经营之路在俞渝的带领下走得响当当。

智慧感悟

任何"拿来主义"都需要"量体裁衣"。